LES VAUDOUX

GUSTAVE AIMARD

LES VAUDOUX

PARIS
LE LIVRE POPULAIRE
ARTHÈME FAYARD ET Cⁱᵉ, ÉDITEURS
18 ET 20, RUE DU SAINT-GOTHARD, 18 ET 20

LES VAUDOUX

Un guide étrange.

Pendant mon dernier séjour au Mexique, c'est-à-dire vers la fin de 1863 et le commencement de 1864, le hasard me mit à même de rendre un service assez important à M. Joseph Colette, riche propriétaire haïtien, né à Léogane, et que certaines affaires d'intérêt fort embrouillées avaient obligé à se rendre à Mexico.

M. Joseph Colette était, à l'époque où je l'ai connu, un homme de trente-quatre à trente-cinq ans, de haute taille, de manières élégantes et dont les traits, plutôt bruns que bronzés, respiraient la finesse, la loyauté et la bonne humeur, signes particulièrement caractéristiques de la race métisse.

Nous nous étions rencontrés pour la première fois à Mexico, dans une soirée à l'ambassade d'Angleterre; la connaissance se fit à une table d'écarté; deux jours après, nous étions liés, et l'occasion s'offrant de lui être utile, je la saisis avec empressement, puis chacun tira de son côté; moi j'allai en Sonora, lui il se rendit dans les Terres-Chaudes. Deux mois plus tard, je l'avais revu à Puebla de los Angeles, où il semblait s'être fixé, du moins provisoirement; et pourtant quelques jours après, à mon arrivée à la Vera-Cruz, à ma grande surprise, la première personne que j'avais rencontrée dans la rue avait été M. Colette.

Le destin semblait prendre tâche de nous mettre constamment en présence lorsque nous y songions le moins.

Du plus loin que M. Colette m'avait aperçu, il était accouru vers moi, les bras ouverts, et m'avait serré la main avec les témoignages de la plus vive amitié.

— Que faites-vous ici? me demanda-t-il après les premiers compliments.

— Pas grand chose, quant à présent, répondis-je, j'arrive.

— Comptez-vous faire un long séjour à la Vera-Cruz?

— Ma foi non, le plus court possible: au contraire, je vous avoue entre nous que j'ai une peur effroyable du vomito.

— Quel motif vous amène, alors?

— Tout simplement le désir très légitime de retourner en France; le paquebot part dans sept jours, dans une heure mon passage sera retenu à bord.

— N'en faites rien, me dit vivement M. Colette.
— Pourquoi donc?
— J'ai mieux que cela à vous proposer.
— Est-ce qu'il y a sur rade un navire qui part dans un délai plus rapproché, m'écriai-je avec une surprise joyeuse, diable! Cela ferait parfaitement mon affaire.
— Non, ce n'est pas cela. Écoutez-moi: vous m'avez souvent parlé de Saint-Domingue.
— En effet.
— Vous m'avez même, à plusieurs reprises, témoigné le regret de n'avoir jamais été à même d'étudier sérieusement cette île, si belle, si curieuse et surtout si intéressante aux yeux d'un Français?
— C'est vrai. Où voulez-vous en venir?
— A ceci: j'ai frété un caboteur pour Léogane; dans deux heures nous partons; venez avec nous, je vous offre de grand cœur l'hospitalité créole; vous demeurerez à Haïti le temps qu'il vous plaira.
— Hum! fis-je en hochant la tête d'un air de doute.
— Tous les jours, il y a des occasions pour l'Europe, reprit-il avec insistance; c'est convenu, vous partez avec nous.
— J'avoue, repris-je, que l'offre est tentante.
— N'est-ce pas? Alors, vous acceptez.
— Je ne sais si je dois... je suis assez pressé, certaines affaires réclament impérieusement ma présence à Paris.
— Bah! bah! les affaires attendront; ce n'est, après tout, qu'un retard de quelques jours, dont vous me remercierez, j'en suis sûr.

Sans me laisser le temps de soulever de nouvelles objections, M. Colette se tourna vers un grand nègre aux traits durs et au regard sournois, que je savais être spécialement attaché à sa personne, et qui ne le quittait jamais d'un pas, et, l'appelant d'une voix amicale:

— Floréal, lui dit-il, veuillez, je vous prie, faire embarquer les bagages de Monsieur à bord du *Macandal;* c'est le nom du navire que j'ai frété, me dit-il; vous aurez soin de recommander à Julien de faire préparer la chambre de Monsieur auprès de la mienne.

Et se tournant vers moi:

— Où êtes-vous descendu? me demanda-t-il.

— A l'hôtel de la Marine, répondis-je machinalement.

— Vous entendez, Floréal, reprit M. Colette, les bagages de Monsieur sont à l'hôtel de la Marine.

M. Floréal me regarda un instant d'un air sombre et, après avoir fait un signe de muet acquiescement, il entra à pas comptés dans l'hôtel de la Marine, situé sur le port, et devant lequel nous nous trouvions justement.

Je ne sais pourquoi ce Floréal, ce nègre aux traits sinistres, dont j'ignorais la position réelle auprès de M. Colette, mais qui paraissait jouir d'une grande privauté auprès de lui, m'inspirait une répulsion que rien ne pouvait vaincre.

Son parler lent et monotone, ses manières doucereuses, son rire nerveux ressemblant à un rictus, me faisaient froid au cœur; lorsque je me trouvais avec lui, malgré les avances dont il m'accablait, sa fatigauche obséquiosité me causait des impatiences fébriles dont je cherchais vainement à m'expliquer le motif et que je me reprochais intérieurement; car jamais je n'avais eu le plus léger reproche à adresser à cet homme.

Mais c'était plus fort que moi, il y avait en lui quelque chose de visqueux, de louche et de repoussant qu'il m'était impossible de surmonter: il me produisait l'effet d'un reptile.

Ainsi que me l'avait assuré M. Colette, le *Macandal* partit en effet le soir même; il va sans dire qu'il m'emporta avec lui.

La traversée fut belle et courte: le *Macandal* était un excellent marcheur.

Quelques jours plus tard, je me trouvai à Saint-Domingue, confortablement installé chez M. Colette.

Je ne dirai rien de la façon dont je fus traité par la charmante famille au sein de laquelle je passai trois mois.

L'hospitalité créole est célèbre à juste titre, elle dépasse tout ce qu'il est possible d'imaginer.

Mais comme ce n'est pas de moi qu'il s'agit ici, que je veux seulement me faire l'historien fidèle et véridique d'une monstrueuse histoire dans laquelle j'ai presque joué un rôle et dont les effroyables péripéties se sont, pour ainsi dire, déroulées sous mes yeux, je demande au lecteur la permission de mettre maintenant ma personnalité fort peu intéressante de côté pour entrer carrément dans mon sujet.

Mais, avant tout, deux mots sur Saint-Domingue.

Cette île, découverte le 6 décembre 1492, par Christoval Colomb, est réputée, au jugement de tous, la plus belle des Antilles; sa longueur est de sept cents kilomètres sur une largeur moyenne de cent vingt; elle a quatorze cents kilomètres de tour, non compris les anses, et seize cents kilomètres carrés.

Vue de la mer, le matin, au lever du soleil, par un temps calme, l'aspect de cette île est enchanteur; on dirait une immense gerbe de fleurs surgissant du sein de l'Atlantique.

Nous ne ferons pas l'histoire de Saint-Domingue, histoire bien connue et d'ailleurs inutile au récit que nous entreprenons de raconter, nous nous bornerons seulement à constater que, depuis la déclaration de l'indépendance, malgré les nombreuses convulsions qui ont bouleversé et ensanglanté son sol, ce pays a marché rapidement dans la voie de la civilisation; cette race noire, si vivement et si passionnément attaquée, semble avoir voulu à Saint-Domingue donner un éclatant démenti à ses détracteurs en redoublant d'efforts pour se mettre au niveau des autres races du vieux monde.

Il existe dans la population noire un fond d'honnêteté qui a frappé tous les étrangers appelés à vivre au milieu d'elle.

Fait remarquable et tout à l'honneur des noirs, le vol à main armée est inconnu en ce pays; on peut parcourir l'île tout entière sans escorte, et le voyageur, fût-il chargé d'or, trouve dans les communes les plus retirées et jusque dans les gorges des montagnes, la même sécurité que dans les rues de Port-au-Prince.

Cependant, avouons-le, ce peuple manque de sens moral, puisqu'il n'a pu édifier la famille sur la base sacrée du mariage. Doué d'une grande vigueur physique, il laisse croupir ses forces dans l'indolence et dans l'abus du tafia.

Chose plus sérieuse encore, il possède le sentiment religieux; mais cet élément de moralisation est perdu au milieu de superstitions absurdes, et les Haïtiens se laissent exploiter et diriger par une foule avide de charlatans et de sorciers, marchands de gris-gris ou d'amulettes, brûleurs de cierges, et les plus redoutables de tous, les adorateurs du dieu *Vaudou*, les favoris de la couleuvre.

Un remède existe: l'instruction publique. Quand l'intelligence s'éclaire, la civilisation commence.

Nous le répétons, la race noire a fait un grand pas dans la voie du progrès, et quoique fort arriérée encore, elle commence déjà, grâce à ses efforts incessants, à apercevoir le but qu'elle veut atteindre et qu'elle atteindra, nous en avons la conviction intime, si elle persévère courageusement dans cette voie libérale.

Le jour où commence notre récit, c'est-à-dire le 9 novembre 1863, une chaleur torride avait pesé sur la ville de Léogane, située à environ vingt-cinq kilomètres de Port-au-Prince; de gros nuages noirâtres, chargés d'électricité, s'étaient étendus d'un bout à l'autre de l'horizon; sans qu'un souffle d'air vînt, même au coucher du soleil, rafraîchir la terre pâmée de chaleur.

De lourds murmures s'échappaient du sein des

mornes et roulaient, répercutés par les échos, avec les éclats stridents d'un tonnerre lointain.

La mer, noire comme de l'encre, agitée par quelque commotion souterraine, se soulevait en vagues huileuses et venait lourdement se briser en moutonnant contre les rochers de la plage avec des plaintes sinistres.

Tout présageait un ouragan prochain, ce fléau redouté de Saint-Domingue.

Les habitants de Port-au-Prince, subissant malgré eux l'influence de ce malaise général de la nature, se tenaient renfermés dans leurs maisons.

Cependant, vers huit heures du soir, les fers d'un cheval résonnèrent sur le pavé caillouteux des rues désertes de la capitale de l'île, et un cavalier, soigneusement enveloppé dans les plis d'un large manteau et les ailes du chapeau rabattues sur les yeux, afin, sans doute, de ne pas être reconnu, sortit de la ville et s'engagea au grand trot sur la route qui va de Léogane à Port-au-Prince.

Les ténèbres étaient épaisses, et c'était avec la plus grande difficulté que, malgré la connaissance qu'il semblait avoir de la route qu'il parcourait, le cavalier dont nous parlons parvenait à guider son cheval.

Après avoir ainsi marché, pour ainsi dire à l'aveuglette, pendant environ trois quarts d'heure, le voyageur fit un crochet sur la droite, quitta la grande route et s'enfonça résolûment dans un sentier tortueux à peine assez large pour son cheval et bordé de tamarins, qui se dirigeait vers les montagnes.

Tout à coup le voyageur s'arrêta, sembla prêter attentivement l'oreille à un bruit perceptible pour lui seul, et après être ainsi demeuré pendant deux ou trois minutes immobile, le corps penché en avant, certain sans doute de ne pas s'être trompé, il se redressa, en disant à voix haute, comme s'il se fût parlé à lui-même:

— Je me serai égaré, probablement; je ne suis pas ici au bois des Tamarins.

— Vous êtes au bois des Tamarins, murmura à son oreille une voix faible comme un souffle; celle que vous cherchez vous attend.

— Merci, répondit l'inconnu, sans autrement s'émouvoir; comment savez-vous que je cherche quelqu'un et qui êtes-vous, vous que je ne vois pas et qui me parlez?

— Que vous importe qui je suis, pourvu que je vous serve?

— C'est juste, cela ne me regarde pas. Parlez, que faut-il faire?

— La nuit est sombre, reprit la voix d'un ton mystique, l'esprit des mornes se joue au-dessus des torrents et se tord sur les roches aiguës; ne sens-tu pas ton cœur défaillir dans ta poitrine?

— Qui que tu sois, quitte ce langage qui ne saurait m'effrayer, reprit résolûment l'étranger avec un geste de dédain; tu t'es offert à me servir de guide, me voici, je t'attends!

— Tu es prêt à braver tous les périls, même ceux auxquels t'expose la colère des esprits de l'air? dit l'interlocuteur invisible d'une voix sifflante et railleuse.

— Je ne crains rien, te dis-je, rien autre que de ne pas la voir.

— Bien, tu es brave; tu la verras. Mets pied à terre, abandonne ton cheval, dont tu n'as plus besoin, tu le retrouveras lorsqu'il en sera temps.

Sans hésiter, l'inconnu mit pied à terre et laissa la bride sur le cou de son cheval.

— Je suis prêt. Où es-tu?

— Suis cette *luciole* qui danse comme un follet devant toi, reprit la voix du même ton mystique, elle te conduira là où tu veux aller.

— Soit. Marchons, dit-il.

Et sans plus s'occuper de sa monture, dont une main invisible s'était emparée et dont il entendait les pas pressés s'éloigner rapidement, l'inconnu s'avança vers la *luciole*, qui, ainsi que le lui avait dit son étrange interlocuteur, s'était mise en mouvement, comme pour lui servir de guide.

Au même instant, un éclair verdâtre zébra les ténèbres et un épouvantable éclat de tonnerre se fit entendre.

L'ouragan commençait.

L'inconnu assura son chapeau sur sa tête, s'enveloppa soigneusement dans son manteau et continua résolûment sa route, précédé par la lueur fantastique de la *luciole*, qui, si rapide que fût le pas du voyageur, se trouvait toujours à la même distance devant lui.

II

Le cabaret.

Au milieu d'un bouquet d'arbres d'acajou, de tamarins et de fromagers entouré de toutes parts d'énormes bambous formant une haie vive impénétrable, s'élevait une misérable case, ou pour mieux dire d'*apouja*, placée sur le bord d'un étroit sentier profondément encaissé entre deux ravins abrupts.

Cette case appartenait à une négresse dont le métier ostensible était de doner à boire et même lorsque l'occasion s'en présentait à manger aux rares passants que le hasard ou leur mauvaise fortune amenait dans ces parages peu fréquentés, mais qui en réalité cumulait avec celui-là, trois ou quatre autres métiers beaucoup moins honnêtes, tels que ceux de tireuses de cartes, jeteuse de sorts, vendeuse de *quienbois*, et d'autres encore dont le nom ne saurait être écrit par une plume qui se respecte.

Cette négresse, nommée Roseïde Sumera, vivait ou du moins paraissait vivre seule dans cette case, rendez-vous ordinaire des mauvais sujets de toutes sortes, noirs, blancs quarterons ou métis; on ne lui connaissait pas de parents; sa réputation était exécrable à dix lieues à la ronde, elle était redoutée et haïe de tous ses voisins, qui se dérangeaient avec terreur de leur route pour ne point passer auprès de son habitation, dans la crainte qu'elle ne leur jetât un sort.

Roséïde Suméra, autant qu'il était possible de calculer son âge, devait avoir cinquante ans au moins.

Elle avait été fort belle, disait-on, au temps de sa première jeunesse, et on racontait tout bas trois ou quatre lugubres histoires dont elle aurait été l'héroïne et dans lesquelles le meurtre, l'incendie et l'empoisonnement jouaient les principaux rôles.

Mais la crainte que cette femme inspirait était telle que, bien que les crimes qu'on lui reprochait fussent presque de notoriété publique, nul ne se serait hasardé à l'accuser, et que tous les gens de sa classe avaient ou feignaient d'avoir pour elle un profond respect, exemple suivi par faiblesse ou insouciance par les planteurs de la classe élevée et intelligente, et qui lui assurait ainsi une impunité dont elle abusait avec un effrayant cynisme, aux dépens de tous les malheureux que leur mauvais destin mettait en rapport avec elle.

Le jour où commence notre histoire, entre dix et onze heures du soir, tandis que l'ouragan mugissait au dehors, déracinant les arbres centenaires et changeant les rivières en torrents, ce cabaret flamboyait comme une bouche de l'enfer, et l'on entendait par sa porte mal fermée, les voix rauques des buveurs ivres qui chantaient, ou pour mieux dire qui dénolaient à l'unisson.

Quatre individus de la plus mauvaise mine, couverts de vêtements déguenillés, étaient vautrés sur des bancs autour d'une table boiteuse et buvaient du tafia à pleins verres.

Ces quatre hommes, dont les traits étaient rendus plus repoussants encore par l'expression d'hébêtement bestial que l'ivresse imprimait à leurs visages, sur lesquels la flamme de la lampe fumeuse qui éclairait la salle lançait, à chaque souffle capricieux du vent, de fantastiques reflets, étaient, autant qu'on en pouvait juger, car rien n'est aussi difficile à reconnaître l'âge exact d'un nègre, étaient, disons-nous, jeunes encore, grands et taillés en athlète. Ils avaient d'énormes gourdins en guise de cannes placés près d'eux, et de longs couteaux à lame droite et large, bien que à demi-dissimulés, laissaient apparaître, à leurs moindres gestes, leurs manches de corne sous leurs vêtements déguenillés et plus impossibles à décrire que ceux des fantastiques mendiants de Callot.

Au fond de la salle, à demi-cachée par une espèce de paravent en jonc, Roseïde Suméra, assise à une petite table sur laquelle se trouvaient deux verres remplis d'une infusion de tamarin, causait à voix basse avec une jeune mulâtresse à laquelle elle semblait avoir tiré les cartes, car elle tenait encore à la main un jeu de tarots graisseux avec lequel tout en parlant elle jouait machinalement.

Cette jeune fille, qu'on eût facilement, d'après

pureté et la netteté des lignes de son visage, prise pour une blanche, n'eût été la couleur cuivrée ou plutôt dorée de sa peau, comptait quinze ans à peine; elle avait une de ces beautés candides qui appellent le respect.

Tout en elle était gracieux et mignon; ses grands yeux doux et rêveurs voilés par de longs cils de velours, se fixaient parfois avec une expression de terreur mal dissimulée sur les quatre nègres assis dans la salle.

Le madras qui couvrait son cou ne s'étalait pas avec cette impudique effronterie qui caractérise les mulâtresses d'une certaine classe, il voilait chastement ses épaules, et dans ce costume si charmant et si provoquant des femmes de couleur, elle avait su glisser quelque chose de pudique et d'honnête.

Sa tête doucement inclinée reposait sur une de ses mains ravissantes de formes, et elle écoutait la vieille le coude appuyé à la table.

Un des buveurs se leva et fit un signe impérieux à la négresse. Celle-ci, avec la prestesse d'un chat, accourut à ce muet appel.

— Eh bien? demanda la négresse, est-ce qu'il vous faut du tafia?

— Non, nous en avons encore.

— Que veux-tu alors

— Causer avec toi, répondit le drôle avec un ricanement sinistre.

— Ah! fit-elle avec ironie : eh bien, parle, je t'écoute.

— Il tarde bien, reprit l'homme à voix basse en

jetant un regard de vipère à la jeune fille.

— Il n'est pas encore l'heure.

— Le temps est affreux, les routes impraticables, il aura eu peur.

— Lui? fit-elle en ricanant, tu ne le connais pas.

— Ainsi, tu crois qu'il viendra?

— J'en suis sûre.

— Bon, nous rirons alors.

— Prends garde, vous n'êtes que quatre.

— C'est plus qu'il n'en faut contre un seul homme.

— Peut-être; je t'avais conseillé de prendre plus de monde avec toi.

— Bah! un *monsieur!* il se laissera faire.

— Ne t'y fie pas; surtout souviens-toi que, quant à présent, je ne veux pas qu'on touche à la petite.

— C'est bon, c'est bon, répondit-il en grommelant, on n'y touchera pas.

— Sans cela je me fâche, et tu sais...

— Je te dis que tu peux être tranquille.

— C'est bon; nous verrons. Tu n'as rien autre à me dire

— Rien; tu peux rejoindre ta gentille colombe.

En ce moment, on frappa deux coups à la porte qui trembla sur ses gonds.

— Ouvre, dit le bandit en reprenant sa place; et se tournant vers ses compagnons : attention! murmura-t-il à voix basse.

Après avoir fait un signe d'intelligence à la jeune fille comme pour la rassurer, la vieille se dirigea lentement vers la porte.

— Qui est là? demanda-t-elle la main sur le loquet.

— Un voyageur, répondit-on du dehors.

— Il est bien tard ; passez votre chemin, reprit la vieille, je ne puis ouvrir à cette heure.

— Pas tant de paroles, il ne fait pas un temps à laisser un voyageur sans abri.

— Je vous répète que je ne puis vous recevoir, passez votre chemin.

— Je suis celui que vous attendez, ouvrez sans plus tarder, si vous ne préférez que je jette la porte à bas, reprit-on d'une voix rude et menaçante.

La vieille lança un regard vers la table occupée par les quatre nègres.

Ceux-ci à demi-levés tenaient d'une main leurs redoutables gourdins et de l'autre leurs couteaux longs et aiguisés ; ils se tenaient le corps penché en avant, les regards fixes, comme des tigres aux aguets.

— C'est drôle, murmura le noir qui précédemment avait causé avec la vieille, je ne reconnais pas sa voix.

— C'est la peur qui te talonne, mon homme, dit-elle en ricanant.

— Moi ? fit-il avec un rire sinistre : tu vas voir si j'ai peur, vieille sorcière.

La jeune fille, les mains jointes, tremblante et atterrée, s'appuyait le dos au mur pour ne pas tomber.

— Attention ! vous autres, reprit le nègre.

— Voulez-vous ouvrir dit une voix impérieuse du dehors.

Après avoir jeté un dernier regard sur ses sinistres complices, la vieille ouvrit brusquement la porte et se rejeta de côté.

Les quatre bandits allaient s'élancer, mais tout à coup ils se reculèrent en poussant un hurlement de terreur.

Sur le seuil de la porte, qui lui servait pour ainsi dire de cadre, un homme de haute taille, d'une beauté puissante et de vingt-cinq ans à peine, les cheveux flottant au vent, le manteau rejeté en arrière, était subitement apparu, calme, hautain, railleur, et tenant à chaque main un revolver à six coups.

Cet homme au visage pâle, à la barbe et aux cheveux noirs, éclairé par les reflets verdâtres des éclairs qui se succédaient sans interruption, avait sur ses traits une expression si sardoniquement dominatrice, qu'il se fit dans la salle, une minute auparavant si bruyante, un silence de mort.

En l'apercevant, la jeune mulâtresse avait laissé échappé un cri de douleur et avait caché son visage dans ses mains.

L'inconnu, sans faire un pas en avant, couvrit les bandits d'un regard magnétique.

— Bas les armes! dit-il d'une voix brève.

Les gourdins, les sabres et les couteaux tombèrent avec bruit sur le sol.

Les quatre noirs, atterrés, tremblaient comme des enfants craintifs; leurs dents claquaient à se briser, leurs visages, dont les traits étaient décomposés par l'épouvante, avaient pris cette teinte grise et terreuse qui est la pâleur des nègres.

L'inconnu pénétra à pas lents dans la salle, dont il continua cependant à barrer la porte, et marcha droit aux bandits qui, au fur et à mesure qu'il approchait, reculaient devant lui.

— Je ne vous connais pas et je ne veux pas vous connaître, dit-il d'une voix stridente; sortez tous!... Je dédaigne de vous livrer à la justice; mais prenez garde de ne plus vous trouver sur mon passage.

— Vous ne nous connaissez pas, Monsieur de Birague? dit d'une voix railleuse le nègre qui semblait être le chef des autres; mais nous vous connaissons, vous, dont la famille a, pendant de si longues années, tyrannisé nos pères au temps maudit de l'esclavage! Nous sommes libres aujourd'hui, et nous savons comment on se venge d'un blanc!...

— Essayez, misérables! répondit le jeune homme en haussant les épaules.

— Au revoir, Monsieur Louis de Birague, ajouta-t-il avec un ricanement sinistre.

— Sortez! reprit le nouveau-venu avec un geste de souverain mépris.

— Je sors, mais souvenez-vous que vous nous avez traités comme des bêtes féroces, nous menaçant et nous insultant, sans provocation de notre part; c'est une guerre de bête féroce que nous vous déclarons. Au revoir encore, Monsieur, je vous laisse avec votre belle et innocente fiancée.

— Misérable! s'écria le jeune homme en s'élançant vers lui.

Mais le nègre s'était précipité hors de la case par un bond de tigre, et avait presqu'aussitôt disparu en poussant un éclat de rire railleur.

La vieille négresse s'approcha alors du jeune homme.

— Monsieur, dit-elle, d'une voix obséquieuse, c'est Dieu qui vous a envoyé ici pour prévenir un malheur horrible.

— Taisez-vous, misérable mégère, s'écria M. de Birague en la repoussant avec indignation, croyez-vous donc que j'ignore à qui vous aviez tendu cet épouvantable guet-apens?

La vieille femme baissa la tête et trembla de tous ses membres, en se voyant si nettement démasquée.

M. de Birague repassa ses pistolets à sa ceinture et, s'approchant de la jeune fille qui, depuis le commencement de cette scène, était demeurée immobile, comme si elle avait été frappée de la foudre :

— Oh! Mademoiselle, lui dit-il avec un accent empreint d'une tristesse navrante, était-ce donc dans ce bouge que nous devions nous rencontrer?

Un sanglot déchira la gorge de la jeune fille.

— Pardon, murmura-t-elle d'une voix brisée par la douleur et par la honte, en se laissant tomber presqu'évanouie sur un banc.

En ce moment, un coup de feu se fit entendre au dehors, et un homme pâle, hagard, un pistolet fumant à la main, se précipita dans la case.

Cet homme était M. Joseph Colette.

III

Pendant l'ouragan.

Le premier soin de M. Joseph Colette, en entrant dans la case, avait été de barricader solidement la porte, en entassant chaises, bancs et tables devant elle; puis, après avoir rechargé son pistolet, et l'avoir passé à sa ceinture qui en contenait un second, il s'était approché vivement de M. de Birague, auquel il avait chaleureusement serré la main, en s'écriant avec une expression de joie à la sincérité de laquelle il était impossible de se tromper :

— Dieu soit loué! mon ami, qui permet que je vous retrouve sain et sauf.

— Eh! mon cher Joseph, répondit en riant M. de Birague, tout en se plaçant devant la jeune fille de façon à la masquer presque entièrement, est-ce que par hasard vous me supposiez mort?

— Non, mais je vous avoue que je craignais qu'il vous fût arrivé quelque malheur.

— Oh! oh! pourquoi donc cela, mon ami?

— Parce que vous vous êtes conduit ce soir comme un fou.

— Merci, répondit le jeune homme en essayant d'entraîner son ami dans une autre partie de la salle, tout en faisant un signe d'intelligence à la négresse pour lui recommander la jeune fille. Cher, ajouta-t-il en riant, vous savez que je ne comprends rien du tout à votre quiétude, dans un pays où la réputation d'honnêteté des habitants est proverbiale.

M. Colette hocha tristement la tête à deux ou trois reprises.

— Les choses sont bien changées en ce moment, dit-il.

— Vous m'effrayez.

— Ne riez pas, mon ami, je vous assure que ce que je vous dis est excessivement sérieux et mérite la plus grande attention.

— Expliquez-vous, je vous prie.

Le métis jeta un regard investigateur autour de lui.

— L'endroit où nous sommes, dit-il à voix basse, n'est pas propice pour nous entretenir de sujets semblables. Contentez-vous, quant à présent, de savoir que, sans vous en douter peut-être, vous avez été exposé aux plus grands périls.

— Mais pardon, vous m'y faites songer, comment se fait-il que vous soyez arrivé ici à l'improviste, et que vous soyez entré le pistolet à la main ?

— Vous pouvez même ajouter que ce pistolet a été déchargé par moi à quelques pas de cette case.

— Auriez-vous été attaqué ?

— Je ne sais : j'ai entendu un bruit suspect dans

les buissons; j'ai vu briller deux yeux étincelants comme des charbons ardents au milieu des feuilles; je crois même avoir entendu une pierre siffler à mes oreilles.

— Et alors?

— Alors, j'ai tiré, il s'est fait aussitôt un grand bruit dans les fourrés, quelque chose ressemblant à une course précipitée précédée d'un cri étouffé, et, ma foi! voyant la porte de cette case ouverte, je suis entré et je me suis barricadé afin de ne pas être surpris sans défense dans ce coupe-gorge.

— Bien, voici qui m'explique une partie de ce que je voulais savoir, mais cela ne me dit pas où vous alliez.

— Où j'allais?

— Oui.

— Eh bien, je venais ici.

Et M. Joseph Colette, qui, depuis quelques instants, semblait en proie à une vive préoccupation et dont les regards se fixaient incessamment du côté où se tenaient les deux femmes, quitta tout à coup son ami et s'élançant vers la mulâtresse, il lui saisit les deux mains et l'obligea à relever la tête.

— C'était vrai, s'écria-t-il avec stupeur. Elle! elle ici!

— Mon frère! murmura la jeune fille.

— Silence! lui dit-il d'une voix tonnante, et saisissant la main de M. de Birague : ainsi vous me trahissiez? ajouta-t-il avec douleur.

— Moi! s'écria le jeune homme avec stupéfaction, mais j'ignorais... Mais comprenant combien ce qu'il allait dire était compromettant pour la sœur de son ami, il se tut subitement.

— Eh bien? lui demanda impérieusement M. Joseph Colette.

— Eh bien! répondit-il froidement, ce n'est pas ici que je puis m'expliquer avec vous.

— Soit, reprit-il, mais cette explication, il me la faut, je l'exige.

— Je vous la donnerai.

— Vous me le jurez?

— Sur l'honneur!

— Sur l'honneur, fit-il avec amertume en regardant tour à tour les deux jeunes gens.

— Monsieur, dit M. de Birague avec dignité, ne vous hâtez pas de croire coupables ceux dont bientôt vous serez contraints de reconnaître l'innocence.

— Dieu veuille que je me sois trompé.

— Bientôt vous en aurez la preuve.

M. Colette hocha tristement la tête sans répondre. Il se fit un silence.

Les mugissements de la tempête remplissaient l'air de bruits sinistres.

Après quelques secondes pendant lesquelles les trois interlocuteurs se jetaient à la dérobée des regards d'une expression singulière, M. Colette releva subitement la tête, passa à plusieurs reprises la main sur son front comme pour chasser une pensée importune, et, s'adressant au jeune homme :

— Vous m'accompagnez? lui demanda-t-il brusquement.

— Certes.

— Venez alors ; nous ne sommes demeurés que trop longtemps ici.

La jeune fille n'avait pas dit un mot, pas fait un geste : elle mordait son mouchoir pour étouffer ses sanglots.

La négresse avait profité de ce que, absorbés par leur entretien, les deux hommes ne la surveillaient plus, pour quitter la salle et se réfugier dans une chambre adjacente, dont elle avait soigneusement verrouillé et barricadé la porte derrière elle.

M. Joseph Colette, après avoir jeté un regard soupçonneux autour de lui, ouvrit une fenêtre ou plutôt une espèce de lucarne et, saisissant un sifflet d'argent qu'il portait à son cou, suspendu par une chaîne d'acier, il en tira un son aigu.

Presque aussitôt un bruit de pas de chevaux se fit entendre et une dizaine de cavaliers, dont quelques-uns tenaient des torches allumées, apparurent devant la case.

Ces cavaliers étaient des domestiques de sa plantation, hommes résolus et dévoués que M. Joseph Colette avait embusqués à une courte distance avec ordre d'accourir à son premier appel.

Les deux hommes sortirent.

Le métis portait sa sœur dans ses bras. Le cheval de M. de Birague avait été attaché par une main inconnue près de la porte à un tronc d'acajou.

Les deux hommes se mirent en selle, le planteur assit devant lui sa sœur presqu'évanouie et à laquelle il n'adressa pas une parole.

On partit.

L'ouragan était dans toute sa fureur.

Le ciel, majestueusement zébré par les éclairs, semblait une nappe de feu; le tonnerre grondait avec des roulements sinistres et des éclats terribles; il tombait une pluie diluvienne qui détrempait les chemins et les changeait en marais fangeux où les chevaux enfonçaient jusqu'au ventre.

La tourmente tordait les arbres comme des fétus de paille, les déracinait et les emportait au loin; la nature entière semblait en proie à un de ces cataclysmes épouvantables qui, en quelques heures, changent complètement l'aspect des contrées qu'ils ravagent.

Les cavaliers, dont les chevaux paraissaient saisis de vertige, couraient emportés par le tourbillon comme une légion de fantômes.

La nuit était horrible, tout était bouleversé, confondu.

Tout à coup un effroyable cri d'agonie, comme celui d'une créature humaine qu'on égorge, traversa l'espace à deux reprises différentes; des clameurs épouvantables s'élevèrent du milieu des mornes, à la lueur des éclairs, à quelques pas à peine de la route, on aperçut une ronde infernale composée d'une centaine, au moins, d'individus qui tournoyaient sur eux-mêmes avec une rapidité vertigineuse en faisant des contorsions étranges.

Puis tout disparut.

— Les Vaudoux! les Vaudoux! s'écrièrent les cavaliers affolés de terreur.

— Les Vaudoux, qu'est-ce que cela? s'écria M. de Birague.

— Silence sur votre vie! lui dit M. Colette d'une voix si impérative que, malgré lui, le jeune homme se tut, saisi, lui si brave pourtant, d'une frayeur instinctive.

Les ouragans sont d'une extrême violence dans les régions tropicales, mais, heureusement, ils durent peu; sans cela ces pays, si favorisés du ciel sous tous les autres rapports, seraient complètement inhabitables; quelques minutes plus tard, la tourmente avait complètement cessé; la lune nageait dans l'éther et éclairait de sa lumière blafarde cette contrée ravagée et bouleversée par la tempête.

Cependant, les cavaliers continuèrent leur course rapide, et, vers une heure du matin, ils atteignirent enfin l'habitation de M. Joseph Colette, située à peu près à moitié chemin de Port-au-Prince à Léogane.

Aucune lumière ne brillait dans l'habitation; toute la famille du planteur dormait; le métis ne put retenir une exclamation de joie; il mit pied à terre, et enlevant dans ses bras nerveux sa sœur toujours évanouie:

— Suivez-moi, Monsieur de Birague, dit-il au jeune homme.

— A vos ordres, Monsieur, répondit-il froidement.

Ils pénétrèrent dans un salon dont le métis, après avoir étendu sa sœur dans un divan, alluma lui-même les bougies.

Puis, se tournant vers M. de Birague, qui se tenait debout et les bras croisés au milieu du salon :

— J'attends, Monsieur, lui dit-il avec hauteur, qu'il vous plaise de me donner l'explication que j'exige de vous.

Le jeune homme secoua tristement la tête.

— Monsieur, répondit-il, cette explication, seule mademoiselle votre sœur doit vous la donner; si, lorsqu'elle aura parlé, vous ne vous jugez pas satisfait de ce qu'elle vous aura dit, je parlerai à mon tour.

Le planteur garda un instant le silence, puis, par un mouvement parti du cœur, il tendit tout à coup la main au jeune homme :

— Pardonnez-moi, ami, dit-il, je souffre.

— Et moi aussi je souffre, répondit M. de Birague d'une voix navrée, en pressant avec force cette main amie qui lui était si loyalement tendue.

— Vous! murmura M. Colette avec étonnement.

— Attendez, répliqua doucement le jeune homme, l'explication que votre sœur ne refusera pas, j'en suis convaincu, à vos prières.

— C'est juste, j'attendrai; pardon encore une fois, mon ami.

M. Colette sonna; au bout de quelques minutes, une jeune négresse parut.

— Cydalise, lui dit le planteur, votre maîtresse a été effrayée par l'orage; elle est évanouie, secourez-la; quand elle aura repris ses sens, vous me préviendrez.

Et suivi par M. de Birague auquel il fit un signe, le planteur entra dans un salon voisin, pendant que la jeune négresse se hâtait d'exécuter les ordres qu'elle avait reçus, en prodiguant à sa maîtresse les soins les plus affectueux et les plus intelligents.

IV

Floréal Apollon se dessine

M. Joseph Colette et M. de Birague étaient depuis quelques instants déjà assis auprès l'un de l'autre dans le salon où ils étaient passés ; complètement absorbés par leurs pensées, aucune parole n'avait été échangée entre eux, lorsque la porte s'ouvrit et un homme parut.

Cet homme était Floréal Apollon, le nègre ; il semblait plus sombre encore que de coutume ; ses vêtements ruisselaient d'eau, ses bottes étaient couvertes de boue et ses éperons laissaient à chacun de ses pas une trace sanglante sur le parquet.

En pénétrant dans le salon du pas lent qui lui était habituel, il jeta de côté un regard louche sur M. de Birague et s'avança vers le planteur, qui s'était levé pour le recevoir et lui tendait la main, tandis qu'un affectueux sourire éclairait son visage.

— Vous voilà, Floréal ? dit le métis. Soyez le bienvenu ; je vous attendais avec impatience, mon ami, êtes-vous arrivé depuis longtemps ?

— Cinq minutes avant vous à peine ; j'ai été surpris en route par la tourmente.

— On s'en aperçoit, vous êtes trempé comme si

vous sortez de l'Artibonite. D'où venez-vous maintenant?

— Des Gonaïves, d'où je suis parti à six heures du soir.

— Je vous avoue mon ami, que je commençais à être sérieusement inquiet de vous.

Le noir hocha lentement la tête à deux ou trois reprises.

— Pardonnez-moi d'être aussi franc avec vous, répondit-il enfin, mais peut-être aurait-il mieux valu Joseph, qu'au lieu d'aller perdre ainsi que vous l'avez fait votre temps au Mexique, vous fussiez demeuré ici à surveiller vos intérêts.

— Comment cela? s'écria M. Colette d'un air surpris, est-ce qu'il y a là-bas, sur les plantations, quelque chose qui ne va pas aussi bien que vous le désirez?

Avant de répondre, le nègre se tourna vers M. de Birague, toujours plongé dans ses réflexions et qui ne prêtait pas la moindre attention à ce qui se disait auprès de lui.

— Vous pouvez parler devant monsieur, Floréal, c'est un de mes amis.

— Un blanc! murmura le nègre avec une introduisible expression de haine contenue.

— Blanc, noir ou mulâtre, cela ne signifie rien, puisque ce monsieur est mon ami.

— C'est juste, grommela le nègre d'un ton de mauvaise humeur.

— Vous disiez donc, Floréal, reprit le métis qui feignit de ne pas entendre, vous disiez donc que tout n'est pas en aussi bon état que vous l'espériez.

— Non, je disais, au contraire, que tout va excessivement mal.

— Hein! comment! tout va mal! s'écria-t-il avec surprise.

— Non seulement tout va mal, reprit Floréal, en appuyant sur chacun des mots qu'il prononçait d'un ton de sarcasme, qui grinça comme une note fausse aux oreilles du métis, mais si vous n'y apportez pas un prompt remède, il est probable que si riche que vous soyez aujourd'hui, mon cher Joseph, avant un an vous serez complètement ruiné.

— Ruiné, moi! pour quelques mauvaises récoltes, fit en riant le planteur, comme vous me dites cela, Floréal?

— Je vous le dis comme je le pense, je ne puis pas parler autrement que j'ai appris.

— C'est juste, mon ami: Voyons, expliquez-vous: qu'est-ce qui a manqué?

— Tout!

— Comment, tout?

— Oui: le café, le cacao, le sucre, le coton, le gaïac, le brésillet et l'acajou.

— L'acajou?

— Une de vos forêts, la plus belle et la plus vaste, la forêt du Grand-Fond, brûle depuis sept jours.

— La forêt du Grand-Fond! mais c'est un désastre, alors!

— Complet.

— Il est impossible que la malveillance ne soit pas pour quelque chose dans tout cela, murmura-t-il, en devenant subitement sérieux.

Le nègre ricana.

— C'est la malveillance qui a tout fait, répondit-il nettement.

— Comment! la malveillance, vous vous trompez, mon ami.

— La malveillance, je vous le répète, croyez-moi, Joseph.

— Mais, je ne comprends absolument rien à cela; vous savez mieux que personne, que mes ouvriers sont bien traités, bien payés: qu'ils sont heureux, enfin!

— Oui, trop heureux.

— Comment, trop heureux?

— Oui, et c'est pour cela.

— Vous êtes fou, Floréal, ce que vous dites-là n'a pas le sens commun; si ce que vous supposez était vrai, songez-y bien, ce serait une monstruosité.

— Cela est, je le sais.

— Ainsi, mes ouvriers me ruinent parce que je les traite bien.

— Pour cela même.

— Voyons, expliquez-vous; car, sur mon honneur, si cela continue, je crois que je deviendrai fou.

— C'est cependant bien simple; je ne comprends pas que vous ne le sachiez pas depuis longtemps déjà.

— Parlez.

— Dame, fit-il d'un air goguenard en tournant à demi la tête du côté de M. de Birague, vous donnez à vos ouvriers tout ce qu'ils demandent: le travail leur est distribué de façon qu'ils peuvent disposer pour eux d'au moins un tiers de leur temps.

— Eh bien?

— Eh bien! voilà, vous leur donnez tout ce dont ils ont besoin, tout ce qu'ils désirent.

— Je le sais, j'ai toujours exigé que, sur mes plantations, il en fût ainsi. Après?

— Après? Eh bien, naturellement *il fallait bien qu'ils fissent mal;* vous êtes presque blanc, vous, Joseph, vous ne connaissez pas les noirs, vous vous figurez que ce sont des hommes comme les autres, qu'on peut ainsi les laisser s'engraisser à bien boire et à bien manger, sans presque pas travailler! Allons donc: le nègre est une bête de somme, il ne doit pas demeurer un instant inoccupé; sans cela il s'ennuie et l'idée lui vient de mal faire; c'est ce dont, sur vos plantations, ils vous ont donné la preuve à vos dépens.

Et il éclata d'un rire sec et nerveux, qui résonna comme une crécelle.

Le planteur était abasourdi; un pareil raisonnement lui paraissait tellement absurde, tellement illogique, qu'il était parfois tenté de croire que le nègre se moquait de lui.

Mais cela n'était pas, malheureusement.

Tel est, nous sommes contraints de le constater, tout odieux que cela paraisse, le caractère des nègres; ils étaient ainsi du temps de l'esclavage, et la liberté ne les a modifiés en aucune façon.

— Mais, cependant, il doit exister un remède au mal, reprit le métis au bout d'un instant.

— Il existe, le remède; je le connais et je l'ai employé.

— Quel est ce remède, voyons.

— Il est bien simple, allez!

— Dites toujours, je suis curieux de le connaître.

— Eh bien, je suis allé trouver un *devineur*.

— Comment un *devineur?* Vous croyez à de tels imposteurs, vous! Floréal!

— Les devineurs ne sont pas des imposteurs, Joseph, reprit sérieusement le nègre, ils disent toujours la vérité quand cela leur plaît et qu'on les paie bien.

— Bon: et que vous a dit celui-là?

— Il m'a dit qu'aux Trois-Pitons, aux Gonaïves et au Morne-Noir, il y avait des empoisonneurs sur les habitations.

— Juste ciel! s'écria le métis avec épouvante, je suis ruiné, alors!

— Peut-être: le devineur m'a assuré que rien ne lui serait plus facile que de découvrir les empoisonneurs; et vous feriez bien de songer à cela, Joseph, je vous en avertis, si vous voulez conserver les bestiaux, les chevaux et les mulets qui vous restent encore.

— Oui, reprit le planteur d'un air pensif, il faut en finir n'importe comment, de quelque façon que ce soit. Et au petit Goave, au Grand-Fond, à l'Artibonite, au Cul-de-Sac?

— Là, c'est autre chose, répondit Floréal d'une voix sinistre qui fit passer un frisson dans les veines du planteur; là, ce ne sont pas les empoisonneurs, ce sont les *Vaudoux*.

M. Colette fit un geste d'horreur et laissa tomber sa tête sur la poitrine.

Le nègre, probablement charmé intérieurement de l'effet qu'il avait produit, se leva après avoir prononcé ces paroles, salua et quitta le salon, où il laissa son frère de lait atterré de cette affreuse révélation.

Depuis quelques instants, M. de Birague avait, malgré lui, été tiré de ses réflexions par les éclats de voix des deux causeurs, et machinalement, il avait prêté l'oreille à leur conversation, dont il avait ainsi entendu la fin.

Lorsque le nègre fut sorti du salon, il le suivit un instant des yeux, puis il se leva, s'approcha de M. Colette, qui restait immobile la tête baissée sur la poitrine, et il lui toucha légèrement l'épaule.

Le planteur releva brusquement la tête et regarda le jeune homme, comme si celui-ci l'eût éveillé en sursaut.

M. de Birague posa un doigt sur sa bouche pour lui recommander le silence, et se pencha à son oreille:

— Connaissez-vous bien cet homme? lui dit-il à voix basse.

— C'est mon frère de lait, nous avons été élevés ensemble, tout est commun entre nous, répondit-il presque machinalement.

— Ecoutez, Monsieur Colette, et faites, je vous prie, attention à mes paroles, reprit le jeune homme avec un accent qui, malgré lui, frappa le planteur tandis que cet homme vous parlait, il y a un instant, là, assis à vos côtés sur cette chaise, je l'examinais, moi, à la dérobée; malgré ses efforts pour paraître impassible, une joie méchante brillait dans ses yeux; à chaque nouveau malheur qu'il vous annonçait, sa voix avait des accents sinistres et ironiques qui me faisaient froid au cœur: cet homme est votre ennemi mortel.

— Oh! lui! vous n'y songez pas, mon ami, ce serait horrible.

— Souvenez-vous de ce qu'il vous a dit à propos du caractère des nègres. Il est noir, lui aussi, et de pure race même. Croyez-moi, surveillez-le avec soin, car cet homme veut votre ruine, peut-être même votre mort, et il y a travaillé sourdement patiemment, et cela j'en suis convaincu depuis longtemps déjà, avec la patience rusée d'un sauvage et la passion féroce d'une bête fauve que rien ne saurait distraire de son but si affreux que cela vous paraisse.

En ce moment, Cydalise, la cameriste de Mlle Angèle, entra dans le salon et annonça que sa maîtresse était entièrement remise de son évanouissement.

M. Colette saisit le bras de son ami et le serrant avec force.

— Pas un mot à qui que ce soit de ce que vous m'avez dit. Si ce dont vous avez cru vous apercevoir est vrai, dit-il à voix basse, il nous faut agir avec une prudence extrême, car nous aurons alors à lutter contre un ennemi formidable, pour lequel tous les moyens seraient bons pour atteindre son but et se venger. Vous ne connaissez pas les nègres comme je les connais, moi; ils sont rusés comme des démons, et féroces comme des tigres. Pas un mot, vous dis-je, je veillerai. C'est convenu?

— Je vous le promets.

— Je puis compter sur vous? reprit le planteur.

Les deux hommes se serrèrent la main.

— Merci, maintenant allons trouver ma sœur.

Un coup de feu.

Aux Antilles, où l'ardeur des rayons du soleil est intolérable et la chaleur étouffante pendant le jour, les habitants, riches ou pauvres ont, en général, l'habitude de veiller fort tard; les nuits sont magnifiques, et presque jusqu'au matin on demeure éveillé, aspirant avec volupté les senteurs âcres, embaumées et rafraîchissantes de la brise nocturne.

Le lecteur ne doit donc pas être étonné de voir, à une heure avancée de la nuit, la plupart des habitants de la plantation des Tamarins encore éveillés et debouts.

Lorsque les deux hommes entrèrent dans le salon, ils furent reçus par Angèle, la sœur de M. Joseph Colette, qui s'avança vers eux, le sourire sur les lèvres.

La jeune fille avait enlevé la légère couche de bistre dont elle avait, pour se déguiser, lors de sa visite à la vieille négresse, noirci son visage, et elle était redevenue ce qu'elle était réellement, c'est-à-dire une séduisante créole, au teint d'une pâleur un peu sombre, aux manières remplies de morbidesse, à la physionomie douce et rêveuse, et à la démarche penchée, pleine de ravissante désinvolture.

Sans attendre que son frère l'interrogeât, avec un geste d'enfant gâtée, elle posa un de ses doigts mignons sur ses lèvres roses, alla ouvrir les unes après les autres les quatre portes du salon, qu'elle laissa grandes ouvertes; puis, après avoir placé dans le centre de la pièce trois chaises, elle fit avec une grâce charmante signe à son frère et son fiancé de s'asseoir à sa droite et à sa gauche.

Ceux-ci obéirent après avoir échangé entre eux un regard interrogateur; ils étaient secrètement intrigués par les façons singulières et incompréhensibles pour eux de la jeune fille.

— Derrière les portes fermées, il y a souvent des oreilles aux écoutes, dit-elle en forme de commentaire; maintenant nous ne craignons pas les espions, nous les entendrons et les verrons venir de loin.

— Ma chère Angère, dit M. Colette...

— Pardon, mon frère, interrompit-elle vivement d'un ton décidé, nous n'avons pas de temps à perdre en explications ridicules. Je suis votre sœur, or, ce titre doit, il me semble, mettre ma réputation à l'abri de toute supposition et de toute imputation injurieuse.

— Cependant, ma sœur...

— Permettez-moi, mon cher Joseph, dit M. de Birague, de me ranger du côté de Mademoiselle dont j'ai l'honneur d'être le fiancé et de partager entièrement son avis; quels que soient les motifs qui l'ont poussée à se rendre dans l'ajoupa de cette hideuse créature, ces motifs, j'en ai la conviction, devaient être non seulement d'une nature fort grave, mais encore d'une indiscutable honorabilité.

La jeune fille lui tendit la main avec un charmant abandon.

— Merci, mon cher Louis, lui dit-elle avec un sourire triste, merci de votre confiance en moi.

— Je vous aime, Angèle, reprit-il avec feu en déposant un respectueux baiser sur la main mignonne qu'il pressait amoureusement dans les siennes, et puis, ajouta-t-il en s'adressant à son ami, puisque décidément nous sommes ici à confesse, je dois vous avouer, mon cher Joseph que, sans en savoir les raisons, je connaissais cette démarche.

— Vous? s'écria la jeune fille avec surprise, presque avec stupeur.

— Parlez, mon ami, fit le planteur, tout aussi étonné que sa sœur.

— M'autorisez-vous à parler, Mademoiselle, demanda le jeune homme en s'inclinant avec une exquise courtoisie.

— Certes, Monsieur, reprit-elle vivement.

M. de Birague s'inclina.

— Je parlerai donc, dit-il, d'autant plus que mon récit vous apprendra sans doute des choses que vous ignorez.

— Et que je désire savoir, murmura-t-elle d'un air pensif.

— Moi aussi, ajouta le planteur, parlez donc sans plus tarder, mon ami, nous sommes sur des charbons ardents.

— Voici comment j'ai été instruit, reprit M. de Birague: ce soir, vers six heures à peu près, je revenais de la promenade, et j'allai m'engager dans l'allée de tamarins qui conduit à la case, lorsqu'un nègre d'assez mauvaise mine, aux traits farouches, s'élança tout à coup de derrière un arbre et s'arrêta devant moi comme s'il eût voulu me barrer le passage, je retins mon cheval; lui, sans me laisser le temps de l'interroger: « Vous êtes le *monsieur* qui est arrivé de la Grande-Terre avec massa Colette? » me demanda-t-il. Je ne sais quelle pensée traversa mon cerveau, pensée dont je dois m'accuser ici, mais au lieu de dire non, ainsi que je le devais, car ce nègre me prenait pour votre hôte français, ma curiosité s'éveilla subitement et je répondis oui. Cet homme sourit d'une façon étrange, il s'approcha jusqu'à toucher mon cheval, et se penchant vers moi: « Dites à massa Birague, reprit-il à voix basse, que ce soir, s'il le veut, il rencontrera sa fiancée, déguisée en mulâtresse, dans l'ajoupa de *maman* Suméra. — Tu mens! » m'écriai-je. Le noir me lança un regard hideux. « Congo Pellé n'est pas un menteur, dit-il, la jeune fille y sera; que monsieur avertisse massa Birague. » Puis il ajouta avec intention:

« Surtout, recommandez-lui de venir seul, à dix heures du soir »; et, d'un bond, il s'élança dans les broussailles, au milieu desquelles il disparut en ricanant. Pardonnez-moi, chère Angèle, je vous aime et je suis jaloux, j'ai gardé pour moi la confidence du nègre, et je suis allé au rendez-vous qui m'était si singulièrement donné sous le nom d'un autre.

— C'est étrange, murmura M. Colette, moi aussi j'ai été averti de ce rendez-vous.

— Par qui? demanda vivement la jeune fille.

— Par personne, reprit-il, j'ai trouvé cette lettre sur une table dans ma chambre à coucher.

Il fouilla dans sa poche et en retira un papier qu'il déplia et montra à M. de Birague.

— Cette lettre n'est pas signée, l'écriture est déguisée, c'est l'œuvre d'un lâche; il y a là-dessous quelqu'atroce machination, dit le jeune homme, en hochant la tête d'un air rêveur, en lui rendant le papier après l'avoir rapidement parcouru des yeux.

— Remarquez que, d'après cette lettre, ce n'est pas à vous seul, mais encore à mon hôte français, que, dit-on, ce rendez-vous est donné. Quel a pu être le but de ces misérables?

— Je m'y perds, murmura M. de Birague d'un air pensif.

— Ecoutez-moi, maintenant, messieurs, reprit vivement la jeune fille, et peut-être ce que vous entendrez vous mettra-t-il sur la voie de ce que vous cherchez à découvrir.

— Parle, ma sœur.

— Vous savez que depuis deux jours, notre beau-frère, M. Duvauchelle nous a quittés subitement pour aller visiter une plantation qu'il possède aux environs de *Jérémie*, et dans laquelle plusieurs cas d'empoisonnements s'étaient tout à coup présentés.

— En effet, cela avec raison lui a donné fort à penser, mais il avait annoncé son retour pour aujourd'hui; il devrait même être arrivé depuis longtemps à cette heure.

— Aussi Marthe est-elle très inquiète de l'absence prolongée de son mari. Elle craint qu'il ne soit arrivé un accident à Jules.

— Ta sœur est une folle de se mettre de telles idées en tête; son mari est un homme jeune, vigoureux, brave, parfaitement en état de se défendre au cas peu probable où il serait attaqué en route.

— Je ne dis pas non, mon frère; malgré cela, ce matin elle n'a pu résister à son inquiétude et elle a envoyé chercher *maman* Roséide Suméra pour lui faire un *ouanga*, afin de connaître la cause du retard de son mari.

M. Colette haussa les épaules, et se tournant vers le jeune homme:

— Vous le voyez, Monsieur, s'écria-t-il d'un ton de mauvaise humeur dans lequel perçait une pointe de raillerie, voilà nos créoles, hélas! elles sont toutes ainsi, crédules et superstitieuses comme des enfants. Marthe, ma sœur, une femme de vingt-cinq ans, mariée depuis sept ans déjà, et comme vous le savez, mère d'une charmante petite fille de six ans, Marthe, qui devrait donner de bons exemples à sa sœur cadette, a recours aux sorcières et se fait faire des *ouangas*; enfin, ajouta-t-il, en se retournant vers la jeune fille, Roséide Suméra est-elle venue?

— Oui, mon frère, elle est même demeurée assez longtemps dans l'appartement de Marthe occupée à jouer et à rire avec ma petite nièce Marie, qui l'aime beaucoup, parce qu'elle lui apporte toujours des friandises et qui, entre parenthèse, ne voulait plus la quitter. Roséide a rassuré ma sœur, lui a fait un ouanga, et lui a annoncé que son mari, retenu plus qu'il ne l'avait pensé par ses affaires, serait de retour auprès d'elle, avant vingt-quatre heures, gai et bien portant.

— Est-ce tout?
— Est-ce tout?
— Non, mon frère, pas encore, Roséide s'est ensuite adressée à moi, nous avons causé de choses et d'autres, vous savez combien elle est libre dans la maison, elle m'a félicité sur mon prochain mariage, et elle m'a engagée à me rendre chez elle pour...

— Eh bien? dit M. Colette, en voyant qu'elle ne continuait pas.

— Je n'oserai jamais vous l'avouer, murmura-t-elle en voilant son visage de ses deux mains pour cacher sa rougeur.

— Parlez, je vous en supplie, Mademoiselle, dit le jeune homme.

— Non, c'est impossible, je deviendrais pour vous un sujet de railleries.

— Oh! Mademoiselle! s'écria-t-il avec un geste de dénégation.

— Je devine, pauvre enfant, dit son frère en souriant avec bonté, en l'obligeant à relever la tête et lui mettant un baiser au front, c'était pour te tirer les cartes et te donner un *quienbois* ou quelque autre amulette toute aussi infaillible, qui t'assurât que ton mari te serait toujours fidèle, n'est-ce pas?

— Pauvre chère enfant, dit M. de Birague en la couvrant d'un regard d'amour.

— Eh bien, c'est vrai, dit-elle résolûment, mais après tout, qu'avais-je à redouter, maman Suméra est ma nourrice, elle m'aime beaucoup; son ajoupa et tout ce qu'elle possède lui a été donné par mon père; ma sœur que je consultai me conseilla de ne pas refuser.

— Autre tête folle! grommela M. Colette, et pour que la sottise fut complète, ta nourrice t'avait probablement engagée à te déguiser en mulâtresse, afin de ne pas courir le risque d'être reconnue, dans le cas où par hasard tu rencontrerais quelqu'un chez elle.

— Oui, murmura-t-elle si faiblement que les deux hommes l'entendirent à peine.

— Maintenant, je comprends toute la machination, s'écria M. Colette se frappant le front, tu devais, pauvre sœur, servir d'appât pour attirer dans cette case maudite les deux blancs dont on voulait se défaire. Qui sait si toi et moi nous n'aurions pas été immolés aussi? Mais, grâce à Dieu! le piège était trop grossier.

— Que voulez-vous donc dire, mon ami? demanda M. de Birague avec surprise. Vous croyez qu'on en voulait réellement à votre vie et même à celle de votre bête.

— J'en suis sûr, mon ami; sachez bien ceci: les noirs de pure race africaine détestent le président Geffrard, qui, par son talent et sa fermeté, a établi un gouvernement fort, libéral et progressif dans ce malheureux pays, si longtemps la proie des ambitieux de bas étage, des ignorants et des fanatiques. Ils jalousent les hommes de couleur dont le dévouement est acquis au président, et qui entrent franchement avec lui dans la voie des réformes. Un vaste complot, dont les réseaux immenses, bien qu'invisibles, enveloppent non seulement toute la République, mais encore l'île entière, se trame dans l'ombre contre le président et les mulâtres, dans le but de renverser notre gouvernement sage et y substituer une démagogie sanguinaire, à la tête de laquelle se placeraient naturellement les sorciers et les adorateurs du dieu *Vaudou*, les adeptes de la Couleuvre sacrée.

— Mais c'est de l'aberration mentale, cela! s'écria le jeune homme avec une généreuse indignation.

— Soit, mais malheureusement c'est l'exacte vérité; je suis bien informé, croyez-le mon ami; mes renseignements sont puisés à bonne source. Les noirs de Guinée ont conservé toutes les croyances superstitieuses du pays dont ils sont originaires; le temps n'a pas marché pour eux. Chrétiens en apparence, ils n'ont d'autre religion que celle que professaient jadis leurs pères sur la côte d'Afrique, ils regrettent Faustin I*er*, ce nègre ignorant et fanatique, hideux prototype de la bestialité féroce, expression la plus complète d'une race viciée dans son principe, et qu'il faudra peut-être un siècle de luttes incessantes pour régénérer; ce tigre à face quasi-humaine, chez lequel on ne savait pas où commençait l'homme et où finissait la bête, qui protégeait les sorciers, adorait hautement le dieu Vaudou et se proclamait favori de la Couleuvre sacrée.

— Tout cela est affreux, mon ami; mais votre hôte et moi, nous sommes étrangers, Français même, car il est Corse, je crois, et moi je suis de la Martinique; les affaires de ce pays ne nous touchent ni de près ni de loin, et nous avons garde de nous en occuper; comment pouvons-nous donc être mêlés à tout cela?

— De la façon la plus naturelle, mon ami, et vous allez me comprendre dans une seconde. Les noirs propagent contre le président Geffrard les plus odieuses calomnies.

— C'est la tactique habituelle de tous les conspirateurs à bout de bonnes raisons.

— Oui, mon ami, c'est vrai, mais malheureusement cette tactique si odieuse qu'elle soit, réussit presque toujours, surtout auprès des gens ignorants et à cause de cela même, crédules à l'excès; voici donc le projet qu'ils prêtent au président Geffrard: ils l'accusent de vouloir vendre Haïti à la France, qui alors rétablirait l'esclavage.

— Mais, c'est absurde, cela; la France est la nation la plus anti-esclavagiste qui existe; partout, dans ses colonies aux Antilles et ailleurs, elle a aboli l'esclavage, et elle marche à la tête du progrès dans le monde entier.

— Pardieu! cela ne se discute pas; mais qu'importe! Croyez-vous que les nègres lisent les journaux et savent ce qui se passe au dehors de leur île? Ils croient ce que disent leurs sorciers, voilà tout. On leur a persuadé que mon hôte était un agent déguisé du gouvernement français, et que pour mieux sauver les apparences j'avais, sous prétext d'un voyage d'affaires, été moi-même le chercher en terre ferme. Quant à vous, c'est autre chose. Votre famille a possédé jadis de grandes propriétés à Saint-Domingue; votre mariage projeté avec ma sœur, toujours selon le dire des sorciers, n'est qu'un prétexte pour éluder la loi qui défend qu'un blanc soit propriétaire sur toute l'étendue du territoire de la République, et rentrer ainsi, par ce mariage, en possession de votre ancienne fortune; car, remarquez, mon ami, que par un hasard singulier, qui donne une apparence de vérité à ce tissu de mensonges, presque tous les anciens biens de votre famille sont aujourd'hui devenus ma propriété.

— C'est possible; mais vous les avez acquis légalement et loyalement, et vous savez, mon ami, que, à part votre sœur, ajouta-t-il en souriant, je ne vous réclame rien.

— Bon, qui doute de cela; mais comprenez-vous, maintenant, pourquoi on voulait vous faire tomber dans un guet-apens?

— Oui, mon cher Joseph, et si absurde que paraisse au premier abord cette calomnie, je comprends tout le parti qu'il a été possible d'en tirer auprès de gens ignorants, superstitieux et surhaissant la race blanche; mais si vous y consentez, car cela ne dépend que de vous seul, nous avons un moyen bien simple de détruire cette œuvre si laborieusement élaborée.

— Lequel, mon ami?

— Pardieu, c'est que votre hôte parte sans retard pour la France qu'il désire si ardemment revoir, et que vous, votre sœur et moi, nous nous rendions le plus tôt possible à la Martinique où notre mariage se fera. Que pensez-vous de ce double projet?

— Il me semble, dit timidement la jeune fille avec une charmante rougeur qui empourpra son visage, que ce moyen est bien simple, en effet, et qu'il arrangerait tout.

— Et nous mettrait pour toujours à l'abri de la haine de nos ennemis, ajouta le jeune homme de sa voix la plus insinuante.

Tous deux fixèrent leurs regards sur le planteur qui demeurait sombre et pensif, la tête baissée sur la poitrine.

— Malheureusement, mes pauvres enfants, votre plan tout charmant qu'il paraisse et qu'il est, en réalité, j'en conviens, est complètement inexécutable, dit-il enfin en se redressant.

— Pourquoi donc, demandèrent les deux jeunes gens avec anxiété?

— Parce que je ne vous ai pas tout dit, reprit-il en les regardant bien en face.

— Comment? que signifie?

— Cela signifie, interrompit-il d'une voix tonnante, que j'ai la conviction qu'un traître, un lâche a abusé de mon amitié pour nous perdre, et que, avant de quitter l'île, ce traître, je veux le démasquer aux yeux de tous.

— Cet homme, quel est-il? s'écria M. de Birague.

— Ce misérable dans lequel j'avais une confiance entière, et dont le châtiment sera terrible, je vous le jure! c'est.........

Au même instant, une ombre passa avec la rapidité de l'éclair devant une des portes laissées exprès ouvertes du salon.

— Voyez! là! là! s'écria la jeune fille en se levant avec terreur.

Soudain, un coup de feu retentit et Angèle tomba sanglante et inanimée entre les bras de son fiancé.

— Oh! s'écria le planteur avec désespoir, je saurai quel est l'assassin!

Et, bondissant comme une bête fauve, il se précipita au dehors, un revolver à chaque main.

A peine une minute s'était-elle écoulée, que deux coups de feu éclatèrent suivis immédiatement du galop furieux d'un cheval à travers les halliers.

VI

Drame.

En moins de cinq minutes, tout le monde, éveillé par les coups de feu, avait été debout dans l'habitation; chacun, après s'être vêtu à la hâte, s'était élancé hors des cases et était accouru.

Nègres, blancs et mulâtres, armés de sabres, de fusils, de pistolets et même de fourches et de bâtons, parcouraient, des torches à la main, l'intérieur de la maison principale et les environs de la plantation, afin de découvrir les traces des assassins, car on soupçonnait qu'ils étaient plusieurs; un homme seul ne se serait pas ainsi hasardé à s'introduire dans une maison bien gardée et défendue par une vingtaine au moins d'hommes dévoués et résolus.

Une des premières personnes qui pénétra dans

le salon fut le voyageur français, hôte temporaire de la famille Colette, hôte dont le lecteur reconnaîtra parfaitement l'identité, et dont il est, par conséquent, inutile de dire son nom.

— Mon Dieu ! que se passe-t-il donc ici ? s'écria-t-il en s'élançant vers la jeune fille, toujours inanimée dans les bras de M. de Birague, pauvre enfant, elle est morte !

— J'espère que non, répondit tristement le jeune homme ; mais elle est gravement blessée et a besoin de soins immédiats. Aidez-moi, je vous prie, monsieur, à la transporter dans sa chambre à coucher.

— De grand cœur, dit le Français, avec empressement.

Les deux hommes soulevèrent alors la jeune fille dans leurs bras et se mirent en devoir de la porter à son appartement, suivis par les servantes qui pleuraient et se tordaient les bras de désespoir en voyant dans cet état leur maîtresse qu'elles adoraient.

Tout à coup des cris affreux éclatèrent au dehors, les deux hommes se regardèrent avec une surprise mêlée d'effroi et s'arrêtèrent comme d'un commun accord.

Au même instant, une jeune femme d'une ravissante beauté, pâle, défaite, les cheveux en désordre à peine vêtue de quelques légers vêtements, se précipita en courant dans le salon.

Cette femme était Marthe, la sœur aînée d'Angèle et de M. Joseph Colette, l'épouse de M. Duvauchelle.

Ses traits bouleversés par la douleur avaient une expression de désespoir impossible à exprimer, ses yeux hagards et brûlés de fièvre, regardaient sans voir, ses mains crispées serraient un morceau d'étoffe bleuâtre; le sang coulait en abondance de deux blessures qu'elle avaient reçues, la première à la tête près de la tempe, et la seconde au bras gauche.

La raison semblait l'avoir abandonnée.

— Ma fille! criait-elle d'une voix étranglée et rauque. Ma fille! rendez-moi ma fille! Marie! Marie! où est-elle?

Ell s'arrêta devant les deux hommes.

— L'avez-vous vue? dit-elle brusquement à M. de Birague en lui saisissant vivement le bras qu'elle secoua avec violence, Marie, où est Marie? rendez-la moi! je la veux! c'est ma fille! parlez! mais parlez donc!

Puis sans attendre que le jeune homme lui répondît, elle se mit à parcourir le salon dans tous les sens, comme une lionne furieuse, brisant et renversant tout sur son passage, répétant incessamment avec des râles d'agonie:

— Ma fille! Marie! Oh! je la trouverai! Jules! Jules! sauve ta fille!

Soudain, elle s'arrêta, jeta autour d'elle un regard farouche: de ses deux mains elle étreignit sa poitrine haletante et, jetant un cri horrible ressemblant à un rugissement de fauve aux abois, ses traits se contractèrent, une pâleur terreuse envahit son visage et elle tomba à la renverse comme si la foudre l'eût frappée.

Tous les assistants s'étaient élancés vers elle; des serviteurs la reçurent dans leurs bras et l'empêchèrent ainsi de se briser le crâne sur le parquet.

Ses yeux aux globes vitreux étaient démesurément ouverts, des frémissements nerveux agitaient tout son corps et un hoquet convulsif soulevait sa poitrine avec des déchirement terribles.

— Occupez-vous de votre fiancée, dit à voix basse le Français au jeune homme, quant à moi, je vais essayer de sauver cette infortunée jeune femme.

— Mon Dieu! s'écria M. de Birague avec douleur, quelle nuit affreuse? Marie aurait-elle donc été enlevée?

— Oui, répondirent plusieurs servantes en sanglottant, nous l'avons cherchée partout, la pauvre enfant a disparu.

M. de Birague pâlit.

Cette déclaration produisit un effet terrible sur les assistants.

— Allons-nous donc revenir aux mauvais jours de la révolte des noirs? murmura-t-il, comme s'il se parlait à lui-même.

Les domestiques présents s'étaient empressés d'apporter des matelas, des couvertures, des traversins et des oreillers.

En moins de dix minutes deux lits furent improvisés; les deux jeunes femmes furent doucement étendues auprès l'une de l'autre, sous la direction du Français, qui, possédant quelques connaissances médicales, procéda, avec l'aide empressée des servantes en larmes, au pansement provisoire des blessures des deux dames.

Ces événements imprévus, terribles et précipités avaient entièrement bouleversé l'esprit superstitieux des noirs.

Une terreur folle régnait dans cette maison jusque là si calme et si paisible; les domestiques, pressés les uns contre les autres, tremblaient et frissonnaient au moindre bruit.

Dans leur naïve ignorance, ils croyaient à l'intervention de l'esprit du mal dans l'horrible catastrophe qui s'était tout à coup, en quelques minutes à peine, abattue sur la plantation.

Ils priaient avec ferveur, se signaient et baisaient dévotement les quienbois, les pierres à tonnerre et autres gris-gris que, malgré leur qualité de chrétiens, la plupart d'entre eux portaient suspendus à leur cou, et auxquels ils avaient certainement plus de foi que dans l'Evangile dont ils n'étaient pas à même de comprendre les grandes et nobles pensées.

Dix minutes s'écoulèrent, pendant lesquelles on s'occupa à remettre un peu d'ordre dans la maison.

Le calme commençait à renaître, on se rassurait peu à peu, lorsqu'un bruit de pas résonna au dehors.

Des torches brillèrent dans l'obscurité et bientôt une dizaine de serviteurs noirs, armés pour la plupart, firent irruption plutôt qu'ils n'entrèrent dans le salon.

Les deux Français eurent aussitôt le pressentment d'un nouveau malheur, et ils s'élancèrent ensemble et comme d'un commun accord au devant des arrivants.

Quatre des nouveaux venus portaient sur un brancard, improvisé à la hâte, un homme qui ne donnait aucun signe de vie.

— M. Colette? s'écria le Français.

— Mort! exclama M. de Birague avec stupeur.

— Non, Monsieur, dit vivement un jeune mulâtre de bonne mine, âgé de vingt-deux ou vingt-trois ans, nommé Lucien Dornès et qui était secrétaire du planteur. Non, Monsieur, rassurez-vous; grâce au ciel, il vit.

M. de Birague savait que ce jeune homme était dévoué au planteur; il respira.

— Alors, il est blessé? demanda-t-il.

— Je ne crois pas; mon maître est seulement évanoui, il a fait une chute terrible.

— Comment, une chute terrible? Que s'est-il donc passé?

— Je l'ignore, Monsieur; je m'étais, au bruit des coups de feu, élancé hors de la case, suivi de quelques domestiques pour apprendre des nouvelles et essayer de m'emparer de quelques-uns des gens qui avaient si audacieusement osé attaquer la plantation, lorsque, arrivé presque au bout de l'avenue des Tamarins, j'aperçus un cavalier qui s'éloignait à toute bride. Je courus à sa poursuite en criant à mes compagnons de me suivre, quand tout à coup je trébuchai et je tombai tout de mon long, à quelques pas plus loin; en me relevant j'aperçus un corps sans mouvement tout auprès de moi; les domestiques accoururent à mon appel; plusieurs d'entre eux trébuchèrent comme je l'avais fait; un ou deux tombèrent même.

— Avez-vous découvert la cause de ces chutes répétées?

— Oui, Monsieur, une corde avait été tendue dans la largeur de l'allée d'un arbre à l'autre, à un pied environ du sol, et des pierres amoncelées à quelques pieds derrière cette corde.

— Quelle horrible machination!

— C'est un miracle, si nous ne nous sommes pas tués raides en tombant, de la façon dont les choses avaient été disposées.

— Mais ces pierres? Il me semble qu'elles n'étaient pas là au commencement de la soirée, dit M. de Birague.

— Le piège n'a été tendu que vers deux heures du matin, répondit vivement le jeune homme, quelques instants à peine avant les événements qui se sont passés ici, j'en suis sûr; car je ne suis revenu que vers minuit, au plus fort de l'ouragan, de Léogane, où M. Colette m'avait envoyé dans la soirée.

— Cela doit être ainsi, en effet, M. Colette, moi et plusieurs domestiques, nous ne sommes rentrés qu'à une heure du matin; nous galopions à toute bride, et aucun obstacle n'existait encore à cette heure dans l'avenue des Tamarins.

— C'est vrai, dirent les noirs qui avaient précédemment accompagné leur maître, comme le dit Monsieur, nous sommes venus ventre à terre et rien n'a arrêté notre course.

— Continuez, reprit M. de Birague, qui réfléchissait profondément.

— Je ne m'occupai pas d'abord à découvrir la cause de ma chute, reprit le secrétaire du planteur, aussitôt relevé, je ne songeai qu'à M. Colette. C'était lui qui était étendu près de moi; sa tête avait porté contre une pierre. Par un hasard dont je rends grâce au ciel, sans pouvoir cependant l'expliquer, il était tombé de telle façon que son chapeau avait amorti le coup; cependant ce coup avait été assez rude pour lui faire perdre connaissance. M. Colette tenait à la main ses pistolets déchargés, et une mare de sang que je découvris dans un fourré, à quelques pas plus loin me prouva que les balles avaient porté, et qu'un des assassins au moins avait été grièvement blessé.

— Un des assassins! Vous supposez donc qu'il y en avait plusieurs?

Le jeune homme sourit avec finesse.

— J'en suis sûr, dit-il.

Et, posant un doigt sur sa bouche, en baissant la voix:

— Soyons prudents, ajouta-t-il, nous ne savons pas, Monsieur, qui ici peut nous entendre.

— Je vous comprends, dit M. de Birague, en lui prenant la main, qui sait si nous ne sommes pas entourés de traîtres?

— Ou d'espions, tout au moins.
— Vous savez quelque chose?
— Non, mais j'en soupçonne beaucoup.
— Vous êtes dévoué à votre maître?
— A la vie et à la mort.
— J'aurai peut-être besoin de vous?
— Je serai prêt.

Pendant ce rapide colloque échangé entre les deux hommes, le Français, afin de ne pas causer à M. Colette une douleur trop grande lorsqu'il reprendrait connaissance, avait fait transporter, en usant de précautions extrêmes, les deux dames dans une chambre adjacente où deux lits avaient été à la hâte préparés pour elles; les matelas avaient été enlevés, puis M. Colette avait été couché sur un canapé dans le salon.

M. de Birague quitta le jeune secrétaire et s'approcha vivement du Français occupé à remplir en conscience ses devoirs de chirurgien.

— Je puis disposer de vous, n'est-ce pas? lui dit-il.

— Certes, s'écria-t-il vivement. Que faut-il faire?

— D'abord me dire le moyen de rappeler mon ami à la vie.

— Lui desserrer les dents, lui faire boire un cordial, le frictionner, et, si l'évanouissement persiste, le saigner.

— Bon, je suis capable de faire tout cela; merci, votre ordonnance sera suivie.

Et se tournant vers Lucien Dornès qui se tenait immobile à l'entrée du salon.

— Mon cher Dornès, lui dit-il, donnez, je vous prie, l'ordre qu'on selle tout de suite deux chevaux de maître, deux fins coureurs, vous m'entendez, n'est-ce pas, ajouta-t-il avec intention.

— Oui, Monsieur, répondit le jeune homme qui sortit aussitôt.

— Quant à vous, mon ami, reprit M. de Birague en revenant au Français, vous le voyez, il y a péril en la demeure, ainsi que nous disons, nous autres Français, vous me permettez de prendre le commandement de cette maison désolée.

— Je le crois bien, répondit-il en souriant, et de plus, je serai le premier à vous obéir.

— Merci, je n'attendais pas moins de vous. J'ai un service à exiger de votre amitié.

— Parlez.

— Vous allez monter à cheval et vous rendre ventre à terre à Port-au-Prince; il faut que la police soit prévenue de ce qui s'est passé ici cette nuit; vous ramènerez un médecin avec vous. Est-ce convenu?

— Pardieu!

— Merci: surtout n'oubliez pas de prendre des armes.

— Je n'aurai garde! je ne suis pas disposé à me laisser tuer comme un lapin.

— Ah! vous savez...

— Que c'est à vous et à moi que ces misérables en veulent surtout; pardieu! je l'ai deviné du premier coup, interrompit-il en souriant, quoi qu'en disent les négrophiles européens qui ne se doutent point de ce qu'est la race noire, nous sommes ici dans un pays de sauvages; mais n'ayez peur, je suis un vieux routier et j'en ai vu bien d'autres; je plains le premier qui se mettra en travers de ma route.

— Et moi aussi, dit M. de Birague. Ainsi c'est bien convenu, mon ami, vous allez ventre à terre à Port-au-Prince.

— Et je ramène non seulement un médecin, mais encore un agent supérieur de la police, si faire se peut.

— Eh! je n'y avais pas songé.

— C'est possible, cher Monsieur, mais je n'oublie rien, moi; soyez tranquille, nous aurons raison de ces drôles.

— Dieu le veuille.

— Il ferait beau voir qu'il en fût autrement, dit le Français en visitant avec soin les canons de ses revolvers.

— Les chevaux sont sellés, dit en rentrant le secrétaire.

— Bon voyage, ami, et revenez promptement, dit M. de Birague.

Les deux hommes se serrèrent la main et le Français sortit.

M. de Birague ouvrit son portefeuille, écrivit quelques mots au crayon sur une des pages blanches, la déchira, et la présentant à Dornès:

— Mon cher Lucien, lui dit-il, vous voyez en quelle situation nous sommes; malgré l'heure avancée de la nuit, il faut que vous partiez tout de suite pour Jérémie, où se trouve en ce moment M. Duvauchelle; il est important qu'il soit mis le plus tôt possible au courant de ce qui s'est passé ici, mais dans certaines mesures cependant. Je n'ai pas besoin de vous recommander la prudence.

— Soyez tranquille, Monsieur, je ne lui dirai que ce qui sera nécessaire. Hélas! il sera instruit assez tôt du malheur qui lui est arrivé.

— Bien. Vous m'avez compris; maintenant, partez, et surtout, faites diligence, vous savez combien nous avons besoin d'un serviteur dévoué comme vous l'êtes, dans cette maison.

— Avant trois heures, je serai de retour.

— Bon voyage, et en route.

Le jeune homme donna quelques autres ordres aux domestiques, pour leur recommander de faire bonne garde autour de la maison, afin d'éviter de nouveaux malheurs, puis, après avoir vu partir le jeune secrétaire, il s'approcha doucement du canapé sur lequel le planteur était couché.

En ce moment, M. Colette ouvrit les yeux comme un homme qui se réveille d'un profond sommeil; il était très pâle, ses yeux errèrent un instant autour de lui, comme s'il eût cherché quelqu'un qu'il espérait voir et qu'il ne découvrait pas; soudain, il se redressa, et d'une voix creuse, avec un accent de menace:

— Floréal Apollon? dit-il.

— Personne ne l'a vu cette nuit, dit un noir qui était demeuré près de son maître.

— En effet, reprit le jeune homme, que cette observation rendait soudainement pensif pendant les sombres événements de cette dernière heure, je ne l'ai pas aperçu.

M. Colette se leva en chancelant et s'appuyant sur l'épaule de son ami.

— Oh! s'écria-t-il, c'est ce misérable qui a tout fait, vous l'aviez démasqué, Louis; j'en suis convaincu, l'assassin est ce Floréal.

— Qui m'appelle? dit le nègre en apparaissant calme et sombre sur le seuil de la porte du salon.

Les deux hommes reculèrent en frémissant devant ce spectre terrible qu'ils semblaient avoir évoqué, et qui les couvrait d'un regard d'une expression étrange et sinistre.

VII

Péripéties.

Il y eut un silence de quelques secondes.

Machinalement, sans perdre le nègre du regard, M. de Birague se rapprocha de la table sur laquelle ses armes étaient posées.

Floréal Apollon n'avait pas fait un pas en avant; les bras croisés sur sa poitrine, la tête haute, les yeux pleins d'éclairs, les lèvres crispées par un sourire ironique, il demeurait immobile à l'entrée du salon, semblant défier ceux devant lesquels, il était si à l'improviste apparu.

Ce fut lui qui, après un silence de quelques secondes, reprit la parole.

— Vous m'accusiez en mon absence, dit-il d'une voix sourde et menaçante: me voici prêt à vous répondre; parlez, Messieurs. Mais d'abord, quel est mon crime?

— Vous osez le demander! s'écria le jeune homme, se laissant, malgré lui, emporter par l'indignation.

— Monsieur de Birague, répondit froidement le nègre, en se tournant vers le jeune homme et lui jetant un regard farouche, taisez-vous. Descendant de nos oppresseurs, vous n'êtes rien ici; je ne vous reconnais le droit d'élever la voix ni pour accuser, ni pour interroger; laissez, ajouta-t-il avec amertume, laissez mon frère de lait, cet homme avec lequel j'ai été élevé, qui m'aime et partage avec joie sa fortune avec moi, laissez-le, oubliant en un instant tous les liens qui nous attachent l'un à l'autre, devant tous m'accuser d'assassinat, de rapt, de vol; que sais-je encore? Il est important que je sache ce qu'on me reproche, afin que je puisse me défendre. Parlez, Joseph, me voici prêt à vous répondre.

M. Colette fit un effort pour surmonter l'émotion qu'il éprouvait et, affermissant sa voix que la douleur faisait trembler malgré lui, avec un accent de doux reproche:

— Si je vous ai accusé à tort, pardonnez-moi, Floréal, dit-il; mais quand tout à coup ont éclaté les événements de cette nuit, tous mes amis, tous mes serviteurs, se sont pressés autour de moi avec l'empressement du dévouement le plus absolu; vous seul n'êtes pas venu, comme c'était votre devoir, vous placer à mes côtés pour me défendre, ou du moins pour m'aider à découvrir les bandits qui se sont lâchement introduits ici pour remplir cette demeure paisible de sang, de larmes et de deuil.

— C'est vrai, je ne suis pas venu, et mon absence

a été mal interprétée, n'est-ce pas? Tout le monde m'a accusé, et votre voix plus haut que celle des autres, peut-être.

— Je l'avoue, car plus que les autres j'avais foi en vous, Floréal.

Le nègre ne répondit pas; il hocha la tête à deux ou trois reprises, et baissant la tête sur sa poitrine, il demeura un instant silencieux.

— Je vous pardonne, dit-il enfin d'une voix hautaine; vous avez du sang des blancs dans les veines et cela vous rend prompt au soupçon. Non, je ne suis pas venu, c'est vrai, mais c'est parce que, pendant que vous vous désoliez ici comme des femmes faibles et sans courage, moi, n'écoutant que mon amitié pour vous, je m'étais tout d'abord, sans réfléchir davantage, lancé à la poursuite des assassins.

— Il serait vrai? s'écria M. Colette d'un air de doute.

— Mensonge! dit le jeune homme avec énergie, car l'assassin c'est vous.

— Moi! répondit-il avec dédain; prenez garde, M. de Birague, car vous allez, dans une seconde, avoir la preuve du contraire.

Il disparut un instant; mais presque aussitôt il reparut portant dans ses bras le cadavre d'un nègre enveloppé dans une couverture et dont le visage était caché par un masque fait d'une étoffe grossière et d'une couleur rougeâtre.

— L'assassin, dit-il avec un accent de triomphe, l'assassin, le voilà! C'est moi qui l'ai tué.

Et, en prononçant ces paroles d'une voix ferme et

retentissante, il jeta le cadavre sur le plancher, avec une violence telle que le corps rebondit en produisant un bruit mat et sec.

Les deux hommes se regardèrent avec stupéfaction; ils ne savaient plus que penser.

Floréal, se baissa et enlevant le masque posé sur le visage du cadavre:

— Regardez, reprit-il, connaissez-vous cet homme?

— Louison! un de mes anciens et de mes plus fidèles serviteurs! s'écria M. Colette avec une surprise triste.

— Oui, Louison, fit en ricanant le nègre, ce serviteur dans lequel vous aviez une si complète confiance et qui vous trahissait; Louison, enfin, l'un des principaux chefs de la secte redoutée des Vaudoux.

— Mon Dieu! murmura le planteur, cela est horrible: est-il possible que cet homme fût mon ennemi!

M. de Birague demeurait silencieux; mais ses regards, rivés avec opiniâtreté sur les yeux sombres du nègre, semblaient vouloir plonger jusqu'au fond de sa conscience pour y découvrir la vérité.

— Eh bien! reprit Floréal d'un air de défi, devant cette preuve irrécusable, en présence de ce cadavre étendu à vos pieds, continuerez-vous à m'accuser? Oserez-vous soutenir encore que je suis un assassin?

— Oui! assassin! assassin, s'écria une voix stridente avec un éclat terrible.

A cette accusation imprévue, un frisson agita le corps du nègre; son visage prit une expression effrayante, et il se retourna en proie à une terreur superstitieuse.

La porte communiquant à la pièce où les deux dames avaient été transportées, avait été laissée ouverte.

Appuyée sur le chambranle, le bras étendu comme pour maudire, le front livide et les regards étincelants, se tenait Marthe, que ses cheveux en désordre, ses longs vêtements blancs et ensanglantés faisaient plutôt ressembler à un fantôme qu'à une créature humaine.

— Ah! s'écria Floréal, en reculant avec horreur devant cette apparition terrible, les morts sortent-ils donc du tombeau?

— Assassin! s'écria la jeune femme avec une énergie fébrile; ce cadavre, c'est toi, oui, c'est toi qui l'as fait! Tu as assassiné Louison, mon serviteur dévoué, mon défenseur!

Et bondissant en avant par un élan de tigre, elle saisit le noir par ses cheveux crépus et se mit à le secouer avec violence, en répétant d'une voix nerveuse:

— Mon enfant! misérable! Mon enfant que tu as enlevé! Rends-moi mon enfant!

Le noir fut une seconde atterré par cette apparition imprévue, mais reprenant presqu'aussitôt sa puissance sur lui-même:

— Tu vis donc encore! s'écria-t-il en faisant un effort désespéré pour se débarrasser de l'étreinte de la jeune femme, mais sans y parvenir, tant la

douleur décuplait les forces de la malheureuse mère.
Eh bien, soit! je te tuerai une seconde fois!

— Mon enfant! mon enfant! répétait-elle sans cesse.

— Ton enfant, redemande-le aux Vaudoux auxquels je l'ai donné, répondit-il avec un ricanement horrible; quant à toi, meurs!

Et il leva le bras pour la poignarder.

Mais une lutte désespérée, affreuse, indescriptible, s'engagea alors entre l'assassin et la jeune femme.

Marthe, dont le désespoir avait centuplé les forces, déchirait le misérable des dents et des ongles, sans lâcher prise.

Le planteur et le jeune homme, épouvantés par cette scène horrible, essayaient vainement de venir en aide à la jeune femme; les deux ennemis, enlacés comme deux serpents, allaient et venaient d'un bout à l'autre du salon, acharnés l'un contre l'autre, n'entendant plus, ne voyant plus, rugissant comme des bêtes fauves et essayant de se donner la mort.

— Mon enfant! mon enfant! répétait toujours la mère d'une voix sifflante, en redoublant ses efforts déjà prodigieux pour aveugler ou étrangler le misérable.

— Tu mourras! hurlait celui-ci en essayant vainement de se dégager.

Tout à coup les pieds du nègre s'embarrassèrent dans les vêtements du cadavre de Louison, étendu sur le parquet; il trébucha, perdit pied et roula sur le sol en entraînant la jeune femme dans sa chute. Mais presque aussitôt il se releva, et saisis-

vant une hache courte qu'il portait sous ses habits:
— Enfin! s'écria-t-il.

La malheureuse gisait évanouie sur le parquet, le nègre leva la hache avec un cri de triomphe.

C'en était fait de la pauvre mère.

Soudain, M. de Birague s'élança sur Floréal, un revolver de chaque main, tandis que le planteur saisissait l'assassin par derrière.

Malgré sa vigueur athlétique, à cette double attaque Floréal chancela.

— Bas les armes, misérable! dit M. de Birague, en saisissant le nègre à la gorge; mais celui-ci se débarrassa par un mouvement brusque.

— Jamais! hurla-t-il en grinçant des dents avec rage.

— A moi! à moi! cria le planteur.

On entendit les pas pressés des serviteurs qui accouraient au secours de leur maître.

Floréal sembla hésiter, il se baissa et se ramassa sur lui-même, le corps penché en avant, le regard fixe comme un tigre qui guette; tout à coup, par un mouvement violent, il fit rouler le planteur à dix pas sur le plancher et bondit, la hache levée, sur M. de Birague en poussant un féroce ricanement de triomphe.

Le jeune homme évita le coup en se jetant de côté et tira.

Le nègre répondit à cette attaque par un effrayant éclat de rire, et il passa, rapide comme l'éclair, au milieu des serviteurs qui s'écartèrent épouvantés et lui livrèrent passage.

M. de Birague se lança sur les traces de l'assassin. Il tira encore quatre coups de feu sur lui dans l'obscurité, mais sans l'atteindre probablement, car il entendit un dernier cri de défi, et le galop précipité d'un cheval qui s'éloignait parvint jusqu'à son oreille.

M. de Birague rentra sombre et pensif dans la plantation.

En pénétrant dans le salon, il s'arrêta en jetant un cri d'horreur à la vue du spectacle étrange et navrant qui s'offrit tout à coup à ses regards épouvantés.

Marthe, assise sur le corps du nègre assassiné par Floréal, le sourire sur les lèvres, les yeux baignés de larmes, chantait sur un air lent et monotone, d'une voix douce et attendrissante qui faisait sangloter tous les assistants, une de ces naïves chansons créoles que les nourrices de Saint-Domingue ont l'habitude de chanter aux enfants en les berçant pour les endormir.

Le planteur, en proie à un sombre désespoir, agenouillé près de sa sœur, jetait autour de lui des regards hébétés, tandis que de grosses larmes coulaient lentement de ses yeux brûlés par la fièvre.

— Dieu! Dieu! murmurait-il les lèvres serrées.

— Courage, ami! lui dit le jeune homme en lui posant la main sur l'épaule:

— Voyez! la malheureuse est folle!

— Hélas!...

Marthe chantait toujours.

C'était un spectacle touchant et affreux à la fois que celui de cette jeune femme, d'une pâleur d'ivoire, dont les yeux seuls semblaient vivre, qui assise, calme et souriante, sur ce cadavre hideux, chantait avec des modulations d'une harmonie surhumaine cette douce berceuse.

Tout à coup, la jeune femme s'interrompit, un éclair illumina son regard: elle se leva droite, sembla un instant prêter l'oreille et, d'une voix étranglée par la douleur:

— Mon enfant! oh! mon enfant! cria-t-elle avec un râle d'agonie si affreux que tous les assistants frissonnèrent.

Et par un dernier et suprême effort elle joignit les mains comme pour une muette prière, leva les yeux au ciel et tomba à la renverse sur le parquet, sans essayer de se retenir.

On s'élança à son secours.

Elle était morte.

La douleur l'avait tuée!

— Marthe! ma sœur! s'écria le métis, morte! oh mon Dieu!

En ce moment un grand bruit se fit entendre au dehors; l'hôte français du planteur revenait de Port-au-Prince: un médecin l'accompagnait.

Derrière lui entra un agent supérieur de la police suivi d'un officier et d'une trentaine de soldats.

Leurs vêtements souillés de boue et en désordre témoignaient de la rapidité avec laquelle ils étaient venus de Port-au-Prince à la plantation de M. Joseph Colette.

VIII

Lucien Dormès.

Il était quatre heures et demie du matin, le ciel nuançait de teintes azurées, le jour commençait à paraître; le soleil déjà au-dessus de l'horizon lançait dans toutes les directions ses gerbes d'or, frangées d'ocre, qui enlevaient au paysage l'aspect sinistre et sauvage que lui imprimaient les ténèbres pour lui rendre son caractère grandiose et majestueux.

Les oiseaux s'éveillaient les uns après les autres sous la feuillée et commençaient à qui mieux mieux l'harmonieux concert que chaque matin, hymne céleste qui s'élève vers le Créateur, ils chantent pour saluer le lever du soleil.

Cette nature riante, calme, reposée, imposante dans sa majesté simple et sublime, formait un contraste douloureux avec l'aspect sombre et désolé de l'habitation qui, pendant la nuit, avait été si fatalement le théâtre de scènes lugubres et sinistres.

L'employé de la police entra immédiatement en fonctions et une enquête commença aussitôt sur les faits dont, pendant la nuit précédente, la plantation avait été le théâtre.

Cette enquête, dirigée par M. Chauvelin, l'agent supérieur de la police venu de Port-au-Prince, fut conduite d'abord avec vigueur. M. Chauvelin, homme instruit, intelligent et intègre, apporta dans les recherches auxquelles il se livra une finesse et une impartialité remarquables.

Son premier soin fut de soumettre à un interrogatoire rigoureux tous les serviteurs de la plantation, noirs ou hommes de couleur.

Malheureusement tous ces gens, fort dévoués à leur maître pour la plupart, ne savaient rien ou du moins fort peu de chose, et leurs dépositions ne jetèrent que très peu de lumière sur cette affaire mystérieuse.

Il résulta de leurs dépositions que tous étaient depuis longtemps déjà retirés dans leurs cases, qu'ils dormaient et qu'ils avaient été pris à l'improviste par ces événements affreux qu'ils ne savaient à quel motif attribuer, car ils ne connaissaient aucun ennemi à leur maître qui était généralement aimé.

M. Chauvelin s'informa alors avec une sollicitude inquiète de l'état dans lequel se trouvait Angèle, la plus jeune sœur du planteur, qui la première avait été blessée.

Mlle Colette, bien que sa blessure fût assez grave, mais cependant pas autant que d'abord on l'avait redouté, lorsqu'elle sut qu'un agent supérieur de la police se trouvait à la plantation, s'offrit d'elle-même à donner tous les renseignements en son pouvoir pour diriger l'action de la justice.

La jeune fille ignorait la mort de sa sœur et l'enlèvement de sa petite nièce Marie; elle croyait avoir été seule victime de la rage des assassins. Son frère et M. de Birague, d'après les conseils du médecin, ne l'avaient pas instruite des événements épouvantables qui avaient suivi l'attentat dont elle avait été la victime, afin de ne pas aggraver la situation dans laquelle elle se trouvait.

On introduisit M. Chauvelin dans la chambre à coucher de la blessée.

La jeune fille raconta naïvement la visite de la vieille Roséide Suméra, ce qui s'était passé entre celle-ci et sa sœur pendant les deux ou trois heures qu'elle était demeurée à la plantation; puis, en rougissant et en balbutiant un peu, elle rapporta comment, après s'être déguisée, elle s'était rendue à la case de la négresse; enfin tout ce qui avait précédé le coup de feu tiré sur elle, et si à l'improviste dans son propre salon, par un individu qu'elle n'avait fait qu'entrevoir et qu'il lui serait impossible de reconnaître.

Pendant tout le temps que dura le récit de la jeune fille, M. Chauvelin, les yeux fixés sur elle, demeura calme et froid, en apparence, mais gravant soigneusement dans sa mémoire tout ce qu'il entendait.

Lorsqu'elle se tut, il la regarda attentivement pendant une ou deux minutes.

— Est-ce bien tout, Mademoiselle, lui demanda-t-il enfin, n'avez-vous rien à ajouter?

— Rien, Monsieur, répondit-elle de sa voix douce et harmonieusement timbrée.

— Je désirerais vous adresser quelques questions; vous sentez-vous assez forte, Mademoiselle, pour prolonger cet entretien de dix minutes ou d'un quart d'heure encore?

— Parlez, Monsieur, je vous répondrai, reprit-elle.

Son frère lui présenta un verre dans lequel se trouvait une potion calmante ordonnée par le médecin; elle but et rendit le verre en souriant.

— Je vous demande pardon, tout de bon, Mademoiselle, reprit M. Chauvelin avec un certain embarras, des questions que mon devoir m'oblige à vous adresser; d'ailleurs, je vous le répète, vous êtes libre de ne pas répondre.

— J'attends ces questions, Monsieur.

— A votre connaissance, Mademoiselle, avez-vous des ennemis?

— Des ennemis? fit-elle avec surprise.

— Je m'explique, Mademoiselle. Croyez-vous que, homme ou femme ou enfant même, quelqu'un puisse vous haïr?

Un sourire angélique éclaira le visage pâle de la jeune fille.

— Comment cela serait-il possible? dit-elle, je n'ai jamais, que je sache, Monsieur, fait de mal à personne.

L'agent de la police de sûreté hocha la tête à plusieurs reprises.

— Vous êtes bonne, Mademoiselle, vous l'êtes trop même; car tous ceux qui ont le bonheur de vous approcher, nécessiteux, infirmes ou malades, sont immédiatement secourus par vous et comblés de vos bienfaits. Bien des douleurs ont été changées en joies; bien des larmes essuyées par vous, je le sais depuis longtemps. Les noirs, dans leur langage naïf, vous nomment avec raison, la *Vierge de la Consolation*: ils vous aiment et vous admirent.

— Eh bien? murmura-t-elle toute rougissante de ces éloges.

— Eh bien, reprit-il froidement, voilà pourquoi je vous demande, Mademoiselle, si vous vous connaissez des ennemis; car, bonne comme vous l'êtes, vous devez en avoir beaucoup.

A ces mots qui renfermaient pour elle un étrange paradoxe, la jeune fille regarda M. Chauvelin d'un air étonné.

— Je ne vous comprends pas, Monsieur, dit-elle, en souriant avec candeur.

— Mon Dieu, Mademoiselle, je ne sais vraiment comment m'expliquer, ma mission est extrêmement difficile à remplir, et pour me faire comprendre, je me vois, malgré moi, forcé de toucher à vos plus chères illusions.

Et, en parlant ainsi, M. Chauvelin, réellement embarrassé, promenait son regard anxieux sur les deux hommes debout auprès de lui, comme pour implorer leur assistance.

M. de Birague comprit la prière muette de l'employé de la police, il s'approcha doucement du lit et, prenant dans les siennes une des mains moites de la jeune fille:

— Je suis le fiancé de Mlle Colette; ce qu'un autre ne pourrait faire, je puis le tenter, si vous me le permettez, Monsieur, je prendrai sur moi de lui expliquer vos paroles, dit-il en saluant avec politesse.

— Vous prévenez mon désir, Monsieur, répondit l'agent avec un gracieux sourire : nul mieux que vous ne saurait traduire convenablement ma pensée à mademoiselle.

— Ma chère Angèle, reprit alors M. de Birague, les paroles de monsieur, bien obscures et bien incompréhensibles pour vous en apparence, sont cependant bien simples et bien faciles à expliquer. La nature humaine, lorsque le voile qui épaissit son intelligence n'est pas déchiré par l'instruction, ce flambeau divin qui seul peut éclairer les ténèbres de l'esprit de l'homme et amollir son cœur, en lui révélant la différence qu'il existe entre le bien et le mal, est, par une disposition fatale de son organisation, essentiellement mauvaise. Ainsi le bien que l'on fait à certains êtres ignorants et viciés par la misère, allume dans leur cœur, au lieu de la reconnaissance que l'on est en droit d'espérer, l'ingratitude, l'envie et la haine. Ces gens se replient sur eux-mêmes, se sentent froissés, ils reçoivent les bienfaits comme des insultes; ils sont humiliés de la dette qu'ils contractent et n'ont plus qu'un désir: se venger de leurs bienfaiteurs.

— Oh! murmura la jeune fille avec tristesse, cela est-il donc possible!

— Cela n'est pas général, heureusement, reprit vivement M. de Birague, il y a grâce à Dieu, de nombreuses exceptions à cette règle. Cependant, ma chère Angèle, je suis contraint de vous avouer que ces exceptions se rencontrent rarement, surtout parmi les noirs et les hommes de couleur de la basse classe, — dont l'esprit, atrophié par l'ignorance et la misère, et abruti par les stupides superstitions venues d'Afrique, — ne sont chrétiens que des lèvres, ne pratiquent pas, par conséquent, les douces maximes de notre religion toute d'amour, qu'ils ignorent, et sont en réalité livrés à des croyances absurdes qui leur sont prêchées par leurs sorciers, et dont la haine, l'envie et la vengeance, ces trois fauves passions des races sauvages, forment la base. Me comprenez-vous, ma chère Angèle?

— Oui, fit-elle en souriant tristement, oui, je vous comprends, mon ami.

— Or, ceci posé, reprit-il avec une certaine insistance, pensez-vous, ma chère Angèle, que parmi les noirs, je veux dire non seulement ceux que vous avez si souvent secourus, mais encore ceux qui par leur position, soit dans la plantation de votre frère, soit à cause de certaines relations dans le voisinage, se sont le plus souvent trouvés en rapports directs avec vous, pensez-vous, dis-je, avoir des ennemis?

La jeune fille, dont le visage avait pendant cet entretien pris une légère teinte rosée, devint tout à coup d'une lividité effrayante.

— Mon Dieu! s'écria M. de Birague, effrayé de ce

changement subit, qu'avez-donc, Angèle, sur mon âme, vous perdez connaissance?

— Ce n'est rien, répondit-elle d'une voix faible et à peine articulée, je me sens mieux; merci, mon cher Louis; mais vos paroles ont fait luire une lumière affreuse dans mon esprit. Je n'ose prononcer les noms qui errent sur mes lèvres, ajouta-t-elle en jetant sur son frère, immobile et pâle auprès d'elle, un regard d'une expression singulière.

— Ne crains pas de m'affliger, Angèle, dit le planteur, ces noms je dois les connaître. Le premier n'est-il pas celui de mon frère de lait, de Floréal Apollon?

— Oui, mon frère, je ne sais pourquoi cet homme me fait peur.

— Je le sais, moi, murmura le métis, dont le regard étincela.

— Chaque fois que le hasard me fait le rencontrer, il me tient un langage étrange.

— Oui, oui, et le second qui est-il? parle sans crainte, pauvre chère enfant.

— Le second, reprit Mlle Colette, est un pauvre misérable que j'ai trouvé un jour mourant de faim sur le seuil de notre porte et que j'ai secouru.

— Congo Pellé?

— Lui-même, mon frère; et puis... et puis ma nourrice.

— Roséïde Suméra, la misérable! Cette affreuse créature à laquelle nous avons donné tout ce qu'elle possède en ce moment et chez laquelle cette nuit même j'ai failli être assassiné, répondit-il d'une voix sombre.

— Oui, elle, mon frère, murmura faiblement la jeune fille.

— Pardonnez-moi de vous adresser cette question, vous n'avez reconnu aucun des hommes qui se trouvaient en même temps que vous chez cette femme, mademoiselle? demanda l'agent.

— Aucun, non monsieur.

— Je vous remercie, mademoiselle, dit l'agent de la police de sûreté en se levant pour prendre congé, je ne vous importunerai pas plus longtemps. Dieu veuille que vous soyez bientôt remise de votre blessure.

Il salua respectueusement Mlle Angèle Colette et sortit, suivi du frère et du fiancé de la jeune fille qui, fatiguée par cette longue conversation, éprouvait un impérieux besoin de prendre enfin quelques heures de repos.

— Eh bien? demanda le planteur, lorsque les trois hommes des milices se retrouvèrent dans la chambre à côté.

— Tout cela est fort grave, répondit M. Chauvelin d'un air soucieux.

Et, avisant le capitaine qui fumait tranquillement un cigare en se promenant de long en large sous le péristyle de la case :

— Capitaine, lui dit-il, envoyez quatre hommes commandés par un officier sur la route de Léogane, à vingt mètres à peu près de l'entrée de la ville, à la case d'une certaine Roseïde Suméra. Cette femme sera mise en état d'arrestation et immédiatement conduite ici, ainsi que tous les individus, quels qu'ils soient, que vous trouverez chez elle.

Le capitaine jeta son cigare et s'éloigna aussitôt.

— Veuillez, Monsieur, continua l'agent en s'adressant au planteur, faire appeler le nommé Congé Pellé: je veux l'interroger séance tenante.

— Congo Pellé a quitté furtivement l'habitation hier au coucher du soleil, Monsieur; depuis lors il n'a plus reparu, je soupçonne ce misérable, non seulement d'être de connivence avec Floréal Apollon, dont il est l'âme damnée, mais encore de s'être enfui avec lui.

— C'est probable, en effet. Hum! hum! répéta-t-il à deux reprises, en hochant la tête d'un air pensif; tout cela est sérieux, fort sérieux, sur ma parole. Où est le cadavre du nègre qui a été tué?

— Là, dans ce salon, monsieur. Tel il a été jeté par Floréal Apollon, tel il est resté. J'ai défendu que nul ne le touche avant que vous l'ayez examiné.

— Vous avez fort bien fait, monsieur: conduisez-moi, je vous prie.

Ils entrèrent dans le salon.

Le cadavre du malheureux serviteur gisait sur le parquet, ainsi que l'avait dit le planteur, à la place même où Floréal l'avait si brutalement jeté; son masque dénoué était auprès de lui.

En l'apercevant, le délégué de la police secrète ne put retenir un geste d'effroi, et poussa un cri de surprise.

— Qu'avez-vous donc, monsieur? demanda le planteur avec une sollicitude inquiète.

— Quel est ce masque rouge? s'écria M. Chauvelin, sans répondre à la question qui lui était adressée. Cet homme est-il donc un Vaudou?

manqua tout à coup des quatre pieds à la fois, et lança son cavalier par-dessus sa tête.

Celui-ci, qui paraissait ne pas avoir été blessé dans sa chute, se releva d'un bond et en poussant des éclats de rire nerveux, entre mêlés de chants, de cris et de mots sans suites, il se mit aussitôt à danser et à gambader en tournant sur lui-même, comme un être privé de raison.

Sur un signe du planteur, les domestique s'étaient élancés pour s'emparer du pauvre fou; mais tout à coup il se rejetèrent en arrière en poussant des cris d'effroi.

— Mon Dieu! s'écria le planteur avec épouvante, Lucien Dornès!

C'était en effet le malheureux jeune homme qui, quelques heures auparavant, était parti pour Jérémie.

Que s'était-il passé? Quel événement sinistre l'avait réduit à cet état affreux?

Cependant l'infortuné continuait ses gambades furieuses, riant, chantant et jetant parfois des cris de douleurs effroyables ressemblant à des râles d'agonie.

On s'aperçut alors qu'une couleuvre de l'espèce la plus dangereuse était enroulée autour de son cou.

— Voyez, murmura M. Chauvelin à l'oreille du planteur, cet homme est perdu; cette couleuvre est la couleuvre sacrée des Vaudoux!

Soudain le jeune homme poussa deux ou trois cris bizarres, arracha d'un geste violent la couleuvre, et, la brandissant autour de sa tête, il la lança loin de lui, au milieu de la foule épouvantée des serviteurs, puis, il prit son élan, et bondissant comme une bête fauve, il se précipita dans un étang, éloigné de dix pas au plus de l'habitation.

— Sauvons-le! sauvons-le! s'écria le planteur avec désespoir, mon Dieu! le malheureux est fou! il va périr.

Et ne songeant qu'au pauvre insensé en danger de mourir si misérablement, il se débarrassa à la hâte des vêtements qui le gênaient, et plongea résolument à la place même où le jeune homme avait disparu.

Il y eut un frémissement d'horreur et de pitié parmi les assistants.

Les domestiques, rappelés à leur devoir par le dévouement de leur maître, se pressèrent en foule sur les bords de l'étang, afin d'être prêts à tout événement et lui porter secours.

L'eau bouillonnait et formait des cercles immenses qui allaient toujours en s'élargissant à l'endroit où les deux hommes avaient plongé, mais rien ne remontait à la surface.

L'anxiété était terrible, un silence de mort planait sur cette foule terrifiée; enfin, au bout de trois ou quatre minutes, un homme reparut au-dessus de l'eau.

Cet homme était M. Colette.

Il tenait pressé contre sa poitrine le corps inanimé flasque et inerte du pauvre Lucien Dornès.

M. de Birague, aidé par quelques domestiques, réussit à le retirer de l'eau, ainsi que son lourd fardeau et le déposa sur l'herbe.

Le planteur, à demi évanoui, à cause sans doute de la lutte acharnée qu'il avait été forcé de soutenir,

— Non, monsieur; c'était au contraire un honnête et dévoué serviteur.

— Mais ce masque, que signifie-t-il ?

— Il m'est impossible de vous répondre catégoriquement à ce sujet, monsieur; mais je suppose que Floréal Apollon en a affublé sa victime dans le but de la faire passer à nos yeux pour Vaudou.

Il se produisit alors un fait étrange et qui pouvait donner fort à réfléchir aux gens les plus désintéressés.

Toute l'énergie première de M. Chauvelin semblait l'avoir subitement abandonné; il balbutiait; ses traits étaient décomposés par la crainte, et ses regards erraient autour de lui, comme s'il eût redouté de voir tout à coup apparaître devant lui quelque monstre redoutable.

— Des Vaudoux! murmura-t-il d'une voix basse et inarticulée, à l'accent de laquelle il était impossible de se méprendre. Mon Dieu! est-ce donc aux Vaudoux que nous avons affaire!

Il avait peur!

En ce moment, de grands cris se firent entendre devant la maison; les trois hommes, redoutant un nouveau malheur, se précipitèrent au dehors.

Un cheval, blanc d'écume, lancé à toute bride, accourait avec une rapidité vertigineuse par l'avenue des Tamarins.

Sur ce cheval un homme entièrement nu faisait des contorsions étranges et se livrait à une gymnastique effrayante.

En arrivant à quelques pas de la case, le cheval

entre deux eaux, contre l'homme qu'il voulait sauver, demeura quelques instants sans mouvement, pâle, les yeux fermés, insensible en apparence aux soins qu'on lui prodiguait.

Lucien Dornès était mort.

Enfin, au bout d'une dizaine de minutes, M. Joseph Colette rouvrit les yeux, se leva, et, appuyé sur le bras de son ami, il s'éloigna à pas lents, après avoir jeté un dernier regard d'affection au cadavre étendu à ses pieds.

— Monsieur, dit l'agent de la police secrète en s'approchant avec précipitation du planteur, les événements qui se passent ici sont d'une nature tellement étrange que je suis forcé, à mon grand regret, de vous quitter immédiatement pour faire mon rapport au président de la République.

— Allez, monsieur, répondit M. Colette avec un sourire triste, empreint d'une amertume secrète et en se laissant tomber, accablé de fatigue et de douleur, sur un canapé. En effet, de quel secours pourriez-vous nous être ici?

— Dans quelques heures je serai de retour de Port-au-Prince, je vous le jure sur l'honneur, monsieur, reprit l'agent, qui comprit la portée de ce reproche indirect et intérieurement honteux de sa conduite, dont il comprenait toute la lâcheté.

Le planteur lui fit un léger signe de tête sans répondre.

L'agent sortit précipitamment.

Dix minutes plus tard, il galopait sur la route de Port-au-Prince, escorté par une vingtaine de cavaliers.

II

La secte des Vaudoux.

La fuite honteuse de l'agent de la police de sûreté, la lâcheté apparente avec laquelle, au mépris de tous ses devoirs, il avait abandonné son poste, dans la situation critique où se trouvait l'habitation de M. Colette, exigent que nous donnions ici quelques détails qui, sans complètement justifier la conduite de ce fonctionnaire public, le feront sans doute apparaître sous un jour moins défavorable aux yeux du lecteur, en expliquant, en quelques mots, ce que c'est que cette redoutable association des *Vaudoux*, dont le nom seul, aux Antilles et même dans une partie de l'Amérique septentrionale, glace de terreur les plus braves.

D'ailleurs la façon dont le gouvernement haïtien a conduit le procès qui nous occupe, la timidité inqualifiable qu'il a montrée dans les débats de cette hideuse affaire, le soin avec lequel on a défendu aux juges de poser aux accusés aucune question qui leur permît de saisir les ramifications immenses de l'épouvantable réseau qui enserre Haïti, montrent jusqu'à quel point les Vaudoux, dont les poisons savent atteindre *partout à coup sûr*, inspirent d'épouvante, même aux chefs du pouvoir.

Il est temps, à notre avis, que la vérité se fasse enfin sur un pays où un fétichisme aussi horrible est possible et dans lequel la *civilisation* produit de si étranges résultats.

Nul, plus que nous, n'est partisan de l'émancipation des noirs et de l'abolition de l'esclavage; mais pendant le cours de nos longs voyages, nous avons vu les nègres de près, nous avons presque vécu près d'eux et surtout avec eux, aussi bien souvent après les avoir étudiés longtemps avec la plus grande impartialité, nous nous sommes demandé si cette race malheureuse était réellement mûre pour une émancipation en masse, et toujours nous nous sommes répondu non.

Il faut instruire, moraliser, éclairer d'abord les noirs; la liberté sera la conséquence logique de ces progrès intellectuels.

Sans instruction et sans morale, il n'y a pas d'émancipation possible, parce que le noir est alors incapable d'en comprendre et d'en apprécier les bienfaits.

Nous avons vu la république de Libéria, fondée par les Etats-Unis et dont les habitants, tous nègres émancipés, vendent sans le moindre scrupule leurs congénères aux négriers européens, et cela au vu et au su du monde entier.

Libéria est ainsi devenue un comptoir de traite

Ses fondateurs ne s'attendaient probablement pas à ce résultat.

Les Haïtiens sont libres depuis bientôt un siècle; quel profit ont-ils tiré de cette liberté? quel résultat ont-ils obtenu?

Chez eux, à quelques rares exceptions près, l'instruction est nulle, les liens de famille sans force, le sens moral fait complètement défaut.

Aussi nous le répétons, car telle est notre conviction immuable, la seule émancipation possible pour la race noire est l'émancipation graduée, c'est-à-dire basée sur l'instruction des libérés; alors, mais alors seulement, les nègres prendront, dans la grande famille humaine, place à côté des autres races.

Les Vaudoux sont répandus en grand nombre dans tous les anciens Etats à esclaves des Etats-Unis de l'Amérique du Nord, et particulièrement au Texas et à la Louisiane.

A la Nouvelle-Orléans, il y a quelques années, peut-être même encore aujourd'hui, leur existence était parfaitement connue de la police, qui fermait complaisamment les yeux sur leurs méfaits

Peut-être en avait-elle peur?

Mais c'est à Saint-Domingue, dans la partie anciennement française et qui forme la république d'Haïti, que les Vaudoux sont les plus nombreux et semblent avoir, pour ainsi dire, établi leur quartier général.

MM. l'abbé Domenech, Alexandre Bonneau, Drouin de Bercy, Ardouin, Moreau de Saint-Méry, ont écrit sur ce fétichisme odieux des articles remarquables, trop peu lus en France, articles dans lesquels nous puiserons à pleines mains; et en y joignant nos observations particulières, nous essayerons de faire enfin connaître cette secte étrange, qui compte parmi ses adeptes non seulement des noirs et des hommes de couleur, mais encore monstruosité inexplicable des blancs, dont quelques-uns mêmes occupent dans la société des positions très élevées.

La secte des Vaudoux est originaire d'Afrique.

Elle fut, dit-on, sans qu'il soit possible de préciser exactement l'époque, introduite dans l'île d'Haïti par les *Aradas* ou *Ardrah*, nation de la côte de Bénin, entre le cours inférieur du *Ouellon* et du *Dou*.

Cette secte existe encore, en effet, parmi les nations de la côte de Bénin et particulièrement dans les pays des Aradas et de Juidah.

Quel est le but véritable que se proposent les Vaudoux?

On n'a pu encore s'en rendre compte, mais ce qu'on sait bien, c'est que les Vaudoux ont pour mobiles principaux l'intérêt, la cupidité et la vengeance.

Ils possèdent des connaissance approfondies sur les propriétés de quelques plantes, la plupart inconnues des savants eux-mêmes; ils font avec une habileté extrême des parfums et des poisons qui laissent bien loin derrière eux le célèbre poison des Borgia, et dont les effets sont très divers et toujours très redoutables.

Les uns tuent lentement, d'autres comme la foudre; d'autres attaquent la raison à différents degrés ou la détruisent absolument : ils connaissent aussi les antidotes particuliers qui en neutralisent immédiatement les effets.

Ils possèdent des secrets qui étonnent, mais qu'il serait aussi déraisonnable de nier sans preuve, que d'admettre sans examen.

Le mot Vaudou, d'après M. A. Bonneau, vient, selon toute apparence du mot *Dou*, qui signifie *pays* chez plusieurs populations de la côte occidentale de l'Afrique, et du mot *Sau* qui veut dire *Serpent;* de sorte que *Vau-dou* serait une corruption de *Sau-dou*, *serpent du pays, serpent du pays natal*. Cette définition ingénieuse pourrait être d'autant plus vraie que le culte du serpent est un des traits caractéristique de la secte.

A Haïti, le mot Vaudou est à la fois le nom de l'institution, des adeptes et de la divinité qu'ils adorent.

Cette divinité, être mystérieux et multiple qui connaît le passé, le présent et l'avenir, et dont l'influence s'étend sur toutes les choses de ce monde, a pour symbole la couleuvre, si toutefois elle n'est pas la couleuvre elle-même.

Le Dieu révèle ses volontés souveraines et ses oracles par l'intermédiaire d'un grand-prêtre, élu à vie, décoré du nom de *papa* Vaudou ou de *roi*, et d'une prophétesse qui appelée *maman* Vaudou ou *reine*.

L'un et l'autre, objet d'un superstitieux respect, exercent sur tous les membres de la secte une autorité sans bornes.

L'association des Vaudoux est une espèce de franc-maçonnerie ou plutôt de Sainte-Vehme, et semble avoir emprunté une partie de son organisation au *Purrah*, association africaine de la côte occidentale.

Comme le *Purrah*, le Vaudou repose sur un secret inviolable, il tient son assemblée pendant la nuit, au sein des forêts ou dans les maisons écartées, fait trembler des populations entières et a partout des agents, qui sur l'ordre des chefs font disparaître par le fer, le poison ou l'enlèvement, toutes les personnes quelles qu'elles soient, dont on a intérêt à se débarrasser.

Avant la guerre de l'indépendance, le sauvage refrain des Vaudoux, refrain que nous donnerons plus bas, faisait au loin trembler les planteurs de Saint-Domingue.

Lorsqu'ils l'entendaient retentir dans les plaines ou rouler d'échos en échos dans les mornes ou dans les forêts, ils préparaient leurs armes ; quelques bandes d'esclaves étaient en insurrection.

Plus tard les noirs incendiaient les habitations et marchaient au combat contre les bataillons français en chantant, ou plutôt en hurlant cette Marseillaise africaine.

Aujourd'hui, c'est contre les hommes de couleur que le Vaudou a tourné toutes ses forces.

Les chefs de cette secte pourraient donc, si le gouvernement haïtien n'y prend garde, peser un jour donné, d'un grand poids sur la politique du pays, surtout depuis que l'Empereur Soulouque, un des adeptes les plus fervents de ce fétichisme hideux, après s'en être déclaré hautement le protecteur, lui a permis de s'organiser solidement et d'étendre ses ramifications, qui couvrent maintenant l'île tout entière.

Il est avéré que, pendant l'accomplissement de leurs rites étranges, rites que nous aurons l'occasion de décrire bientôt, les Vaudoux boivent du sang avec délice, avec passion, s'acharnant à sucer le sang qui s'échappe en bouillonnant de la plaie béante de la victime immolée, pendant que l'animal éventré se tord et se débat dans les convulsions d'une longue agonie.

Ces misérables ne lâchent prise qu'après s'être gorgé de ce sang fumeux, jusqu'au point de tomber ivres morts sur le corps de la victime.

Cette horrible coutume de boire du sang appartient à la Nigritie tout entière, et a été importée de l'Afrique.

Le sang, aux yeux des noirs, a des vertus magiques et curatives d'une efficacité puissante.

A l'époque où l'année se renouvelle, ceux d'Haïti se baignent souvent dans le sang, afin de conjurer les maladies.

Certains philanthropes constatent à ce sujet avec un à-propos qui fait honneur à la science, que cette superstition a régné sur les races européennes, comme sur les populations soudaniennes et qu'à Rome, les *Tauroboles* et les *Créaboles* ont été pratiqués jusqu'à la chute du paganisme.

Nous nous plaisons à croire pour l'honneur de ces savants philanthropes que le sang que buvaient les Romains et dans lequel ils se baignaient n'était pas du sang humain.

N'importe, c'est une belle chose que la science, grâce à elle, tout peut non seulement expliquer, mais encore innocenter tout.

Le gouvernement haïtien a sévi à plusieurs reprises contre les Vaudoux; Toussaint-Louverture les poursuivit; Dessalines les chassa comme des bêtes fauves, les massacrant impitoyablement lorsqu'il pouvait les atteindre.

Nous ferons observer que, chaque fois que l'on jugea à propos d'user de rigueurs envers cette secte, ce fut toujours pour des motifs politiques, parce que les Vaudoux favorisaient ou essayaient de favoriser un compétiteur contre un autre, ou tentaient de renverser le pouvoir établi, pour y substituer une démagogie sanguinaire.

Mais tant qu'ils se bornèrent à exercer à huis-clos leurs sorcelleries et leurs rapines, la justice jugea toujours prudent de feindre d'ignorer ce qui se passait.

Il ne fallut rien moins que les horribles attentats que nous avons entrepris de raconter, et qui éclatèrent comme un coup de foudre sur la population haïtienne épouvantée, pour que le gouvernement se décidât enfin à ouvrir les yeux et à punir les coupables.

Et cela non seulement à cause de la terreur universelle que ces sectaire impies inspirent à toutes les classes de la société, mais encore parce que le gouvernement est contraint de s'avouer son impuissance à détruire le mal dans sa racine.

Voilà quelle est la secte des Vaudoux.

Nous prions le lecteur de nous pardonner les détails

un peu longs dans lesquels nous sommes entrés, mais ils sont indispensables pour l'intelligence des faits qui vont suivre.

Ceci dit et posé, nous reprendrons notre récit au point où nous avons été contraint de l'interrompre.

Ainsi que M. Chauvelin l'avait promis, le soir même, à la surprise générale des habitants de la plantation, qui ne comptaient plus le revoir, il revint de Port-au-Prince.

L'agent de la police de sûreté procéda immédiatement, avec un empressement feint ou réel, à la recherche des coupables; mais ses efforts ne furent pas couronnés de succès: aucun des individus soupçonnés ne tomba entre ses mains.

Les soldats envoyés à la case de maman Roséide étaient revenus sans la ramener; la vieille négresse avait disparu, et, à la place de son ajoupa, ils n'avaient plus trouvé qu'un monceau de cendres. Quant à la vieille elle s'était sans doute réfugiée dans les mornes.

M. Duvauchelle, prévenu par un second émissaire, était arrivé de Jérémie une heure avant le coucher du soleil.

M. Jules Duvauchelle était un homme de trente-six ans, aux traits énergiques et au caractère déterminé; il adorait sa femme et sa fille.

Tout le monde s'attendait aux éclats d'une douleur terrible lorsqu'il se trouverait en face du cadavre de sa femme. Il n'en fut rien.

M. Duvauchelle ne jeta pas un cri, ne proféra pas une plainte, ne versa pas une larme; son visage semblait de marbre.

Pendant une nuit tout entière il demeura silencieux

et immobile au chevet de sa femme expirée, tenant ses mains dans les siennes et les yeux fixés sur elle, sans qu'il détournât une seconde ses regards.

Au lever du soleil, il imprima un baiser ardent sur les lèvres de la morte, l'ensevelit de ses propres mains, sans vouloir accepter aucun aide étranger, et, ce dernier et suprême devoir accompli, il ouvrit les portes au clergé qui venait prier pour l'âme de la malheureuse femme.

Le courage de M. Devauchelle ne se démentit pas un instant; il conduisit le deuil, marchant seul et calme en apparence à la tête du cortège, il vit d'un œil sec murer la porte du caveau; puis, après avoir congédié d'un geste les assistants, qui se retirèrent mornes et silencieux, il s'agenouilla sur la terre, et, pendant une heure au moins, il demeura la tête dans ses mains.

Quel orage devait gronder dans les profondeurs secrètes de cette âme brisée par la douleur?

Enfin, il se releva et jeta un cri d'appel.

Un cavalier parut, tenant un cheval en bride.

M. Duvauchelle se mit en selle, couvrit d'un dernier regard la tombe de celle qu'il avait tant aimée, et, enfonçant les éperons dans les flancs du cheval, qui hennit de douleur, il partit à fond de train et disparut presque aussitôt dans les méandres de la route, suivi par son domestique, jeune noir d'une vingtaine d'années, qui, moins stoïque que son maître, pleurait à chaudes larmes.

Plan de campagne.

Dix jours s'étaient écoulés depuis les événements que nous avons rapportés dans nos précédents chapitres.

Mlle Angèle Colette, fort heureusement bien moins grièvement blessée qu'on ne l'avait supposé d'abord, entrait presque en convalescence.

Elle commençait à se lever; le médecin lui avait permis de faire quelques pas dans l'intérieur de la plantation, appuyée sur le bras de son fiancé, pour essayer ses forces, qui revenaient peu à peu.

M. Duvauchelle s'était fixé à Port-au-Prince; il n'avait pas reparu chez son beau-frère depuis le jour où il avait conduit d'une manière si stoïque le deuil de sa femme.

L'habitation était toujours occupée militairement.

M. Chauvelin poursuivait activement une enquête, qui malheureusement menaçait d'aboutir à un résultat négatif.

Les nègres, par esprit de corps, ne se vendant jamais entre eux.

Lorsqu'un jour un événement bizarre, imprévu, sembla vouloir venir jeter une faible lueur dans ce dédale ou se perdait l'agent supérieur de la police, et lui permettre enfin de se diriger à peu près à travers les broussailles si fatalement, et avec tant d'astuce, enchevêtrées autour de lui, de cette ténébreuse affaire.

M. Chauvelin avait, ainsi qu'il le faisait chaque matin, quitté la plantation, afin, comme il le disait lui-même naïvement, de quêter des renseignements et de prendre langue.

Trois heures avant le coucher du soleil, vers quatre heures du soir environ, au moment où il rentrait à la plantation en compagnie de son escorte, une femme échevelée, à demi-folle de douleur, se présenta tout à coup à lui, et, d'un air égaré, se jeta à la bride de son cheval, malgré les efforts que l'on fit pour l'en empêcher.

Cette femme, qui parlait un patois créole presque inintelligible, rendu plus impossible encore à comprendre à cause des pleurs et des sanglots qui, à chaque seconde, lui coupaient la voix, et les interjections de douleur dont elle entremêlait ses paroles, supplia M. Chauvelin, ainsi qu'il parvint pour ainsi dire à le deviner, de venir à son secours, lui déclarant que sa fille Claircine, âgée de cinq ans, qui logeait chez sa tante, au village de Bizonton, avait disparu depuis deux jours déjà, sans qu'il lui eût été possible de la retrouver, malgré toutes ses recherches.

L'agent supérieur de la police fronça les sourcils à cette révélation inattendue, sembla réfléchir, et il hocha la tête à plusieurs reprises d'un air préoccupé.

— Comment cela s'est-il passé? demanda-t-il enfin.

La pauvre femme reprit alors son récit, depuis le commencement, avec une volubilité douloureuse qui donna fort à penser à ses auditeurs.

— Ma sœur est allée avant-hier avec moi à Port-au-Prince, dit-elle d'une voix tremblante d'émotion, c'est pendant notre absence, qui a duré cinq heures, que ma fille a été enlevée de la maison de ma sœur; monsieur, je vous prie, rendez-moi ma chère petite Claircine, ajouta-t-elle en joignant les mains avec prière.

— Je tâcherai, répondit M. Chauvelin, profondément affecté; comment vous nommez-vous, femme? que faites-vous?

— Je me nomme Claire, monsieur, je suis blanchisseuse.

— Comment se nomme votre sœur?

— Ma sœur se nomme Jeanne et elle est mariée à Pierre André.

— Pierre André? s'écria l'agent supérieur de la police avec surprise, attendez donc, femme, cet homme dont vous me parlez ne porte-t-il pas un autre nom encore?

— Pardonnez-moi, monsieur, répondit-elle aussitôt avec franchise, on l'appelle ordinairement Congo Pellé.

— Et où est cet homme en ce moment, le savez-vous?

— Je l'ignore, monsieur, depuis la disparition de ma fille, je suis comme folle; je ne vois plus rien, je n'entends rien.

— Pauvre femme, rentrez chez vous, dit M. Chauvelin avec bonté, ne sortez pas de votre demeure, il est important que je puisse vous avoir à ma disposition.

— Bien, monsieur; et vous me rendrez ma fille n'est-ce pas? reprit-elle avec anxiété.

— Je l'espère... ayez bon courage.

— Mon Dieu! ma pauvre enfant! murmura Claire, qui s'éloigna en pleurant.

M. Chauvelin rentra à l'habitation tout pensif.

Il était évident pour lui que le misérable Congo Pellé avait lui-même enlevé sa nièce, mais dans quel but? A cette question qu'il s'adressait mentalement, un frisson de crainte et de pitié courut dans ses veines, dont le sang se glaça.

Comment saisir les fils de cette trame odieuse et s'emparer de ces misérables?

— Sur mon âme, s'écria-t-il enfin avec résolution, j'ai promis à cette femme infortunée de lui rendre son enfant; je n'ai que trop hésité jusqu'à présent, plus de vaines terreurs, je réussirai ou je périrai: quoi qu'il arrive, je ferai mon devoir, Dieu m'aidera!

Après avoir pris cette généreuse détermination, l'agent releva la tête avec orgueil: il s'était mis enfin en paix avec sa conscience; il était content de lui.

Il entra, le sourire sur les lèvres, dans la salle à manger, où la famille du planteur était réunie et l'attendait pour dîner.

— A table, dit-il avec une certaine vivacité, je veux en finir une fois pour toutes avec ces misérables! Quelles qu'en doivent être les conséquences pour moi, il faut que ces insaisissables assassins soient livrés à la justice.

— Mon Dieu, s'écria Angèle avec crainte, serait-il arrivé un nouveau malheur?

— Expliquez-vous? dirent les assistants en se pressant autour de lui.

— Rassurez-vous, se hâta-t-il de répondre, afin de calmer l'anxiété générale; aucun nouveau péril ne vous menace. Voici le fait, vous m'en voyez encore tout ému.

Et aussitôt, sans se faire plus longtemps prier, il raconta la déposition qui venait de lui être faite à l'instant.

— Pauvre malheureuse! murmura la jeune fille avec intérêt.

— Un tel état de choses ne saurait durer plus longtemps, reprit-il avec énergie. Aussitôt après dîner, je remonterai à cheval et j'irai explorer les Mornes, qui ont jusqu'à présent servi d'impénétrables repaires à ces bandits.

— Bien, monsieur, lui dit M. Colette en lui serrant affectueusement la main.

Tout à coup un bruit assez fort se fit entendre au dehors; chacun écouta.

Un cheval s'arrêta à la porte de l'habitation, bientôt un homme parut.

Cet homme était M. Duvaucnelle.

Son visage était calme, mais sombre.

Il salua silencieusement et jeta un regard circulaire sur les assistants.

En apercevant M. Chauvelin, ses traits s'éclaircirent; un éclair passa dans ses yeux et il s'avança vivement vers lui.

— C'est vous, n'est-ce pas, monsieur, lui demanda-t-il, après l'avoir salué poliment, qui êtes le délégué de la police de sûreté?

— Oui, monsieur, répondit l'agent; à qui ai-je l'honneur de parler, s'il vous plaît?

— Je suis M. Jules Duvauchelle, le beau-frère de M. Colette, le mari...

— Pardon, monsieur, interrompit vivement l'agent. Je sais tout ce que je désirais savoir; je suis tout à votre service. A quoi puis-je vous être bon?

— Alors excusez-moi aussi, monsieur, ceci est pour vous, veuillez je vous en prie en prendre connaissance, dit-il en sortant de la poche de côté de son habit un large pli cacheté de rouge, qu'il lui remit.

— Une dépêche!

— Oui, monsieur, une dépêche du président Geffrard lui-même.

M. Chauvelin s'inclina, et, après s'être poliment excusé auprès de M. Colette, de sa sœur et de M. d'Entragues, il décacheta la lettre, que d'abord il parcourut rapidement des yeux, mais qu'il se mit à lire ensuite avec la plus sérieuse attention.

Chacun examinait avec anxiété le visage de l'agent qui se rembrunissait de plus en plus au fur et à mesure qu'il avançait dans la lecture de la dépêche.

Lorsqu'il eut fini de lire, M. Chauvelin toussa à deux ou trois reprises, plia soigneusement la lettre, la mit dans sa poche et s'inclinant froidement devant M. Duvauchelle.

— J'obéirai, monsieur, dit-il.

— Merci, merci, monsieur, je n'attendais pas moins de vous! répondit-il avec effusion; mais, ajouta-t-il, vous alliez, je crois, vous mettre à table, j'ai moi-même besoin de prendre quelque chose, je suis à jeûn depuis ce matin, dînons d'abord, nous causerons ensuite; pas un mot, s'il vous plaît, pendant le repas.

On servit.

Le dîner fut silencieux, il dura à peine un quart d'heure.

Chacun des des assistants comprenait que quelque chose de grave allait se passer.

Lorsqu'on se fut levé de table, M. Duvauchelle fit signe à son beau-frère de l'accompagner, et suivi de M. Chauvelin, il quitta la salle; mais avant de sortir il embrassa Angèle au front et serra la main de son futur beau-frère.

— Où allons-nous donc, mon ami? demanda curieusement le planteur, voyant que son beau-frère sortait de la maison.

— Faire une promenade à cheval, répondit-il avec un clignement d'yeux significatif.

— Alors je vais donner des ordres.

— C'est inutile, mon domestique a dû faire seller trois chevaux.

En effet, trois chevaux attendaient tenus en bride par un noir.

Sans prononcer un mot de plus, les trois hommes se mirent alors en selle et s'éloignèrent au grand trot.

Arrivés au bout de l'avenue des Tamarins:

— Maintenant, dit M. Duvauchelle en s'arrêtant,

vous, Joseph, tournez à droite, monsieur tournera à gauche, moi je suivrai tout droit devant moi; il ne faut pas que nous soyons vus ensemble, le rendez-vous est au Saut-du-Chien, près des Montagnes-Noires, dans deux heures; s'il le faut, crevez vos chevaux! Allez, et bonne chance.

Ces paroles furent prononcées de telle sorte que nul ne songea à soulever d'objection.

Les deux hommes comprenaient qu'il s'agissait d'une chose grave.

Les trois cavaliers se séparèrent.

Deux heures plus tard, tous trois arrivaient presqu'en même temps, par des chemins différents, au rendez-vous assigné par M. Duvauchelle.

L'endroit était parfaitement choisi pour éviter une surprise.

De la hauteur où se trouvaient placés les trois hommes, leur vue s'étendait à une longue distance dans toutes les directions.

A quelques pas du lieu choisi par M. Duvauchelle, une énorme crevasse de près de vingt mètres de large, et au moins douze mètres de profondeur, s'ouvrait béante. Cette crevasse était le Saut-du-Chien.

— Pardonnez-moi de vous avoir obligé à faire cette longue course, dit M. Duvauchelle avec une exquise courtoisie, mais, ainsi que vous le comprendrez bientôt, c'est ici seulement que je pouvais m'expliquer en toute sûreté avec vous.

— En effet, ici toute surprise est impossible, et nous n'avons pas d'espions à craindre, fit observer M. Colette.

— Mais nous pouvons être vus ! murmura l'agent de la police de sûreté en jetant un regard inquiet autour de lui.

— Oui, si nous restions debout, répondit vivement M. Duvauchelle ; mais une fois étendus dans cette herbe haute et touffue qui couvre le sol, nul regard fût-ce celui de l'aigle, ne saurait nous apercevoir.

— Mais nos chevaux ? On les verra, eux, si on ne nous voit pas.

— Attendez.

Il siffla ; un jeune nègre émergea de derrière une pointe de roc. Sans prononcer un mot, il s'empara des chevaux et les emmena avec lui.

Ce noir était Marcelin, le domestique de confiance de M. Duvauchelle.

— Voyez, reprit celui-ci en étendant le bras, nous sommes à portée de Léogane, de Jérémie et de Port-au-Prince, c'est-à-dire qu'en moins de deux heures du secours peut nous arriver par trois directions différentes, sans compter le Lamentin et les Cayes, qui ne sont pas non plus fort éloignés, maintenant, regardez par ici, nous avons l'épaisse forêt de l'Artibonite. Au milieu se trouve le « Morne des Curidas »; vous avez bien vu, n'est-ce pas, messieurs ; eh bien là, à trois lieues à peine à vol d'oiseau du lieu où nous sommes, au pied de cette immense flèche, roc gigantesque et inaccessible, où seuls se reposent les vautours, au pied, dis-je, du « Piton », du Morne des Curidas, se tient l'assemblée des Vaudoux.

— Ah ! firent les deux hommes avec une suprise mêlée d'effroi.

— Etes-vous bien sûr de ce que vous avancez? demanda M. Chauvelin.

Un sourire d'une expression singulière plissa les lèvres de M. Duvauchelle.

— Je les ai vus, dit-il.

Il y eut un silence.

— Asseyez-vous et écoutez-moi, reprit-il; il est inutile que nous restions plus longtemps debout; ainsi que vous me l'avez fort bien fait observer vous-même il n'y a qu'un instant, on pourrait nous dépister.

Les trois hommes s'étendirent alors sur l'herbe, au milieu de laquelle ils disparurent presque complètement.

— Monsieur, continua M. Duvauchelle en s'adressant à l'agent, ne soyez pas froissé, je vous prie, de ce qu'à ma prière le président Geffrard, avec lequel j'ai l'honneur d'être intimement lié, a consenti à vous placer provisoirement sous mes ordres; cette mesure tout exceptionnelle n'a rien, permettez-moi de vous le dire d'abord, qui doive vous mortifier. Je poursuis non seulement une vengeance personnelle, ajouta-t-il d'une voix frémissante, mais encore l'accomplissement d'un grand acte de justice; le président a compris que la direction de cette affaire devait m'être complètement laissée.

— Je vous ai dit, Monsieur, que j'obéirai, répondit en s'inclinant M. Chauvelin. Permettez-moi d'ajouter qu'il ne tiendra pas à moi que le succès ne couronne votre entreprise.

— Merci, Monsieur; j'étais convaincu d'avance que

vous ne me refuseriez pas votre aide. Maintenant, voici ce que j'ai fait: à quelques pas de l'endroit où nous sommes, dans la crevasse même, s'ouvre une grotte profonde, où, aidé d'un serviteur de confiance, j'ai pu transporter, depuis huit jours, de la poudre et des vivres pour un mois au moins. Mon beau-frère aussitôt que la nuit sera tombée, reviendra ici avec dix de vos soldats les plus déterminés. Pour plus de sûreté, dès que ces soldats seront entrés dans la grotte, ils n'en sortiront plus; je me charge de les surveiller de crainte de trahison. Quant à vous, monsieur, voici le rôle qui vous est destiné: ce soir même vous quitterez l'habitation, comme si vous renonciez à continuer plus longtemps des recherches que vous reconnaissez inutiles, mais au lieu de retourner au Port-au-Prince, vous disséminerez vos hommes au Lamentin, aux Cayes et à Léogane, où ils demeureront cantonnés. Si les soldats dont vous disposez ne vous semblaient pas suffisants, le président vous autorise, par ma bouche, à en faire venir le nombre que vous jugerez nécessaire de la capitale, surtout, agissez avec la plus grande circonspection. Vous connaissez la finesse des noirs des Mornes; vous établirez votre quartier général à Bizoton; vous aurez continuellement des chevaux sellés, afin de pouvoir expédier à toute heure des estafettes à vos autres détachements et les prévenir quand le moment d'agir sera venu.

— Mais que prétendez-vous donc faire? demanda M. Chauvelin avec surprise.

— Ce que je veux, dit-il avec un accent de haine d'autant plus terrible qu'il était contenu, je veux vous faire prendre d'un seul coup de filet toute cette nichée de vipères.

Les deux hommes frissonnèrent.

— C'est notre vie que nous jouons, monsieur, dit l'agent.

— J'ai fait le sacrifice de la mienne.

— Soit, je saurai accomplir mon devoir. Du reste, ma résolution était prise depuis longtemps déjà. Comment et par qui serai-je prévenu lorsqu'il sera temps d'agir?

— De Bizoton, avec une longue-vue, on aperçoit l'entrée de la grotte, je m'en suis assuré. Quand vous verrez flotter devant cette entrée un drapeau rouge, cela vaudra dire que le mouvement de concentration autour du Morne devra commencer.

— Bien.

— Lorsque le drapeau rouge sera remplacé par un noir, vous marcherez résolument en avant, quels que soient les obstacles qui s'opposeraient à votre passage. M'avez-vous bien compris?

— Parfaitement.

— Je puis compter sur vous?

— Je vous le jure.

— Nous réussirons: à mon tour, je vous le promets. Venez; je veux avant que nous nous séparions vous montrer la grotte.

— Vous ne retournez donc pas à l'habitation ce soir, Monsieur?

— Non. Maintenant mon poste est ici; j'y resterai jusqu'au dernier moment.

— Mais quel est votre projet?

— Vous le saurez bientôt, Monsieur, mais quant à

présent, permettez-moi de ne vous rien dire encore.

L'agent s'inclina.

Les trois hommes se levèrent et se dirigèrent vers la grotte.

Cette grotte était une caverne naturelle, produite par un de ces nombreux cataclysmes souterrains qui journellement, bouleversent ces contrées.

Elle s'ouvrait sur la lèvre même de la crevasse.

Son entrée était si bien dissimulée par les broussailles que, à moins de connaître parfaitement son existence, à deux pas il était impossible de l'apercevoir.

Le planteur et l'agent supérieur de la police montèrent à cheval, prirent congé de M. Duvauchelle et s'éloignèrent comme ils étaient venus, à toute bride, mais chacun dans une direction différente.

M. Duvauchelle les suivit un instant des yeux.

— Enfin! murmura-t-il en lançant un regard de haine vers le Piton de Curidas, la vengeance est boiteuse, mais son heure sonne un jour.

Il rentra à pas lents dans la grotte.

Marcelin, l'épaule appuyée contre un quartier de roc, la tête penchée sur la poitrine, le regard vague, semblait plongé dans de profondes réflexions.

Son maître lui frappa sur l'épaule.

— Maintenant, à nous deux, Marcelin, lui dit-il en souriant.

Le jeune homme se redressa, comme s'il eût été subitement réveillé en sursaut.

M. Duvauchelle s'assit sur un amas de feuilles sèches, qui probablement lui servait de lit, et fixa un regard inquisiteur sur son domestique.

— A quoi penses-tu? reprit-il au bout d'un instant.

— Je pense, monsieur, répondit le jeune homme d'une voix triste et en hochant la tête à plusieurs reprises, que la journée est à peine à la moitié et que j'ai encore bien des heures à attendre.

— Tu est donc bien résolu? lui demanda-t-il.

— Oui.

— C'est une mort affreuse qui t'attend si tu échoues pauvre enfant.

— Qu'importe? répondit-il avec un doux et sympathique sourire, je serai mort pour vous, monsieur; pour vous, qui êtes tout ce que je j'aime au monde.

— Rien ne peut te faire renoncer à ton périlleux projet?

— Rien; d'ailleurs, ajouta-t-il avec conviction, Dieu sera avec moi, je réussirai.

— Marcelin, si, maintenant que le moment est presque venu, je t'avouais que j'ai peur, si je te suppliais de renoncer à cette entreprise, lui dit-il avec prière.

— Pour la première fois de ma vie, monsieur, depuis que j'ai le bonheur de vous appartenir, répondit le jeune homme en secouant sa tête intelligente et énergique, je vous désobéirais; cette pensée qui m'est venue, j'en ai la conviction, m'a été envoyée par Dieu; rien, pas même mon dévouement à votre personne, ne sera assez puissant pour m'y faire renoncer

— Marcelin! s'écria M. Duvauchelle avec une affectueuse insistance.

— Pardonnez-moi, monsieur, répondit-il avec une énergie fébrile, mais vos prières sont inutiles, je périrai ou je réussirai, je l'ai résolu: le jour où, à la Nouvelle-Orléans, vous nous avez rachetés, ma mère et moi, pauvres esclaves misérables aux mains d'un maître cruel, pour nous rendre à la liberté, ce jour j'ai contracté envers vous une double dette, que le dévouement de ma vie entière ne suffirait pas à acquitter. J'étais bien jeune alors, j'avais dix ans à peine, pourtant la reconnaissance s'est ancrée dans mon cœur, et j'ai fait un serment; le moment est venu de le tenir; je ne faillirai point à mon devoir; n'insistez donc plus, je vous prie, ce serait inutile, je vous le répète.

Les deux hommes tombèrent dans les bras l'un de l'autre et confondirent leurs larmes.

Il s'étaient compris.

Au coucher du soleil, ainsi que cela avait été convenu le matin, M. Joseph Colette arriva, derrière lui les dix soldats se glissèrent silencieusement dans la grotte.

Lorsque les ténèbres furent épaisses, Marcelin prit congé de son maître.

— Adieu, lui dit-il, avec un laconisme sublime, si je meurs, priez pour moi!

Et sans attendre de réponse, il s'élança en courant sur le versant de la montagne et ne tarda pas à disparaître dans l'obscurité.

— Réussira-t-il? murmura M. Duvauchelle en laissant d'un air pensif sa tête tomber sur sa poitrine.

XI

Le néophyte.

Dix heures achevaient de sonner lentement à l'horloge du petit village de Bizoton, la nuit était sombre et orageuse, de gros nuages noirs chargés d'électricité roulaient lourdement dans l'espace; il n'y avait pas un souffle dans l'air, la chaleur était étouffante.

Parfois un éclair verdâtre rayait le ciel d'une lueur éblouissante; le tonnerre roulait sourdement d'échos en échos dans les mornes, puis tout retombait dans les ténèbres et le silence.

Les rues du village étaient désertes, pas une lumière ne brillait derrière les vitres, pas un cri ne troublait le silence, la population renfermée dans les maisons solidement barricadées en dedans dormait ou paraissait dormir.

Au dernier coup de dix heures, un homme qui, depuis quelques minutes, était appuyé contre le mur de l'une des premières maisons du village, se détacha doucement de la muraille et s'approcha de la porte de cette maison ou plutôt de cette case, car ce n'était en réalité qu'un misérable ajoupa construit avec des bambous plantés en terre et surmonté d'une toiture en vacois.

Cet homme colla un instant son oreille contre la porte, le plus profond silence régnait à l'intérieur,

Il recula alors à pas de loup jusqu'au milieu de la chaussée, puis, après une minute ou deux, il revint vers la porte, mais cette fois sans amortir le bruit de ses pas, qu'il semblait au contraire rendre exprès plus pesants.

Il frappa deux coups précipités contre l'huis avec un bâton qu'il tenait à la main, un troisième coup après un léger intervalle, puis deux autres rapides: en tout cinq.

Presqu'aussitôt un bruit léger se fit entendre à l'intérieur et une voix de femme, rauque et traînante, demanda doucement d'un ton de mauvaise humeur.

— Qui donc à cette heure de nuit rôde ainsi dans les ténèbres?

— Celui pour qui les ténèbres n'existent pas, répondit l'étranger.

— Que viens-tu, si tard, chercher ici? reprit la femme.

— Je viens comparer mon « Quimbois » avec le tien.

La femme reprit:

— Tu es quimboisé?

— Oui.

— Quel est le sorcier qui t'a donné le quimbois?

— Ils sont deux, le premier est Congo Pellé, le second Guerrier François, le « papa ».

Il y eut un instant de silence funèbre, pendant lequel l'inconnu demeura immobile, le corps penché en avant, l'oreille au guet.

Enfin la porte tourna lentement sur ses gonds, sans produire le moindre bruit, une main saisit celle de l'étranger et la voix qu'il avait entendue jusque-là murmura doucement à son oreille ce seul mot :

— Entre.

L'étranger entra ; la porte se referma immédiatement derrière lui.

La maison était plongée dans l'obscurité la plus complète.

— Viens, reprit la femme.

Il se laissa conduire docilement.

Après avoir fait une dizaine de pas, sa conductrice s'arrêta.

— Prends garde, lui dit-elle, tu es sur la première marche d'un escalier.

Il baissa la tête sans répondre et il descendit pas à pas l'escalier, toujours guidé par sa conductrice invisible.

Il compta quinze marches.

Deux coups furent frappés contre un corps dur, une porte s'ouvrit et une lumière jaillit dans l'escalier.

L'étranger entra.

La porte fut immédiatement refermée derrière lui.

Il jeta un regard investigateur autour de lui ; il se trouvait dans une cave voûtée de moyenne grandeur, les murs étaient garnis du haut en bas avec des « petates » espèces de paillassons rtistement fabriqués fort en usage aux colonies ; le sol était sablé, une lampe de fer descendait de la voûte et répandait une lumière suffisante ; au milieu de la cave se trouvait une table entourée de sièges grossiers.

Quatre personne, deux hommes et deux femmes,

assis sur ces sièges, fumaient et buvaient du tafia et du rhum.

Deux sièges vides attendaient sans doute les deux arrivants; ceux-ci, en effet, s'assirent aussitôt et vidèrent les deux verres placés devant leurs places et remplis jusqu'au bord de tafia, à leur intention.

Ces six personnes étaient des nègres et des négresses de mauvaise mine, à l'air sournois et aux regards sombres; excepté l'étranger, qui n'était autre que Marcelin, le serviteur favori de M. Duvauchelle, les autres étaient des habitants de Bizoton.

Ils se nommaient: les hommes, Julien Nicolas et Guerrier François; en apparence ils étaient cultivateurs, mais en réalité sorciers et Vaudoux; les femmes, Nereine François, Béya Prospère, et Jeanne Pellé, toutes trois soi disant blanchisseuses, mais en fait affiliées à la secte des Vaudoux.

Dans un coin de la cave attachée et bâillonnée avec soin, gisait, étendue sur le sol et à demi cachée sous une couverture grossière, une petite fille aux traits doux et intelligents.

Cette enfant était Claircine, la fille de Claire, que sa tante Jeanne Pellé avait enlevée le matin même.

Dans quel but? Nous le saurons bientôt.

La pauvre petite, en proie à une indicible terreur, les traits bouleversés, les yeux démesurément ouverts et presque hors de la tête, jetait autour d'elle des regards égarés en poussant de sourds gémissements.

Aucun des assistants ne semblait songer à cette malheureuse enfant.

— Sois le bienvenu, Marcelin, dit Guerrier François en trinquant avec le jeune homme; que nous diras-tu de nouveau?

— Pas grand'chose, répondit-il en vidant son verre les Colette semblent décidés à cesser les poursuites.

— C'est ce qu'ils ont de mieux à faire, dit Julien Nicolas, espèce de géant à la face bestiale, car ils n'arriveront à rien.

— Oui, fit en ricanant Guerrier, ils ont compris qu'ils luttaient contre plus forts qu'eux, mais ils ne sont pas encore au bout.

— Les plus grands et les plus implacables ennemis des noirs sont les hommes de couleur, dit sentencieusement Marcelin.

— Bien parlé, mon fils, s'écria en riant Béya Prospère, les hommes de couleur ne sont ni chair ni poisson.

— Si on les laissait faire, ils auraient bientôt rétabli l'esclavage à leur profit, fit observer Julien Nicolas.

— As-tu entendu parler de Claire? demanda Jeanne Pellé.

— Oui, elle a porté plainte contre toi à M. Chauvelin.

— Ah! voyez-vous cela? et quest-ce qu'il lui a répondu M. Chauvelin, mon fils?

— Il lui a dit qu'elle était folle, que tout le monde savait que tu aimais sa fille, et la preuve que tu ne l'avais pas enlevée, c'est que tu avais fait faire un *mangué marassa* par *papa digo*, afin de retrouver l'enfant.

— Bien tapé, da! s'écria en riant Jeanne Pellé, tout

en jetant un regard de côté à la malheureuse créature qui se tordait dans ses liens.

— Ainsi, reprit Julien Nicolas, les Colette en ont assez?

— Ils en ont trop, à preuve que les soldats sont repartis aujourd'hui, au coucher du soleil, pour Port-au-Prince.

— Bon, fit Jeanne en frappant des mains avec joie, et M. Chauvelin?

— C'est lui qui s'est en allé le premier; entre nous, mes enfants, dit gaiement Marcelin, le pauvre homme était à moitié mort de peur.

— Bon voyage! s'écrièrent les assistants en riant.

Les verres furent remplis et vidés plusieurs fois coup sur coup.

La conversation se prolongea assez longtemps; dix heures sonnèrent à l'église du village.

— Maintenant, dit en se levant Guerrier François, assez causé, nous avons autre chose à faire; souviens-toi, ajouta-t-il en s'adressant à Marcelin, que Congo Pellé et moi nous sommes tes parrains et que nous avons répondu de toi à papa et à maman Vaudou.

— Je m'en souviendrai.

— Il est encore temps de te dédire, si tu as peur, les épreuves par lesquelles il te faudra passer sont rudes, je t'en avertis.

— Je les subirai.

— C'est ton dernier mot?

— Oui.

— Alors, en route; et s'adressant à Jeanne Pellé: toi, passe devant, avec Julien Nicolas, Nereine et Béga; surtout n'oublies pas la petite. Il faut être prudent, on ne sait pas ce qui peut arriver; elle ne doit pas rester ici plus longtemps.

Jean Nicolas chargea la pauvre créature sur ses épaules comme un paquet.

Les quatre bandits sortirent; Guerrier et Marcelin demeurèrent seuls.

Lorsque tout bruit eut cessé, Guerrier se pencha vers Marcelin.

— Ecoute, lui dit-il presqu'à l'oreille, les Vaudoux savent tout, on nous a prévenus que tu ne voulais être initié parmi nous que pour nous trahir; on assure que tu est dévoué à ton maître et que tu sers la vengeance qu'il prétend tirer de nous. Tu m'as deux fois sauvé la vie, je tiens à m'acquitter envers toi; sois franc. Qu'est-ce qu'il y a de vrai dans tout cela? Réponds.

Le jeune homme réprima un frisson intérieur, mais son visage demeura impassible, sa voix calme, et il ne baissa pas les yeux sous le regard fauve du bandit.

— Rien, dit-il nettement.

— Il suffit; nous avons cent moyens de nous débarrasser d'un traître; j'ai fait mon devoir; tu es averti, souviens-toi que je ne te dois plus rien; prends garde, Marcelin.

— Si vous avez une aussi grande méfiance de moi, pourquoi m'acceptez-vous alors?

— C'est une épreuve que nous tentons; qui sait, peut-être est-ce une leçon que nous voulons te donner, reprit-il avec un ricanement sinistre. Ta main?

— La voici.

Au même instant la lampe tomba sur la table et

s'éteignit; une obscurité complète enveloppa les deux hommes.

— Viens, reprit Guerrier en l'entraînant.

Marcelin se laissa conduire.

A peine avait-il fait quelques pas que le jeune homme sentit une bouffée d'air chaud et humide lui frapper le visage, en même temps un éclair éblouissant zébra les ténèbres.

Il se trouvait en rase campagne.

— En route, reprit Guerrier
— Où allons-nous ?
— Au camp des Vaudoux.

Les nègres, comme les peaux-rouges de l'Amérique possèdent au plus haut degré les facultés instinctives des animaux sauvages; ils se dirigent à coup sûr au milieu des plus épaisses ténèbres, sont doués d'une vélocité extrême, et, à des distances considérables, les bruits les plus faibles sont nettement perçus par eux.

Les deux hommes s'élancèrent côte à côte en courant au pas gymnastique dans la direction de l'Artibonite, glissant à travers les halliers et les plus inextricables broussailles comme des serpents, sans que le obstacles sans nombre qui se dressaient sur leurs pas fussent assez puissants pour retarder leur course.

Bientôt ils se trouvèrent en pleine forêt; alors il sembla à Marcelin voir des ombres nombreuses passer auprès de lui, d'autres le précédaient; il entendait des bruits étranges et sans nom, des lueurs fantastiques paraissaient et disparaissaient incessamment devant ses yeux.

La forêt se faisait de plus en plus épaisse.

Marcelin acquit alors la certitude qu'un grand nombre d'individus l'enveloppaient de toutes parts, plusieurs d'entre eux marchaient ou plutôt couraient à ses côtés, silencieux et sinistres comme des spectres.

Le vent soufflait avec force entre les branches des arbres, avec des sifflements lugubres; les éclairs se succédaient avec une rapidité extrême, le tonnerre roulait sans interruption, c'était une véritable nuit de sabbat.

Tout à coup une lueur rougeâtre apparut devant le jeune homme, cette lueur grandissait de minute en minute.

Un quart d'heure plus tard il déboucha presqu'à l'improviste dans une clairière immense, au centre de laquelle brûlaient d'énormes brasiers qui éclairaient comme en plein jour.

Quatre ou cinq cents individus des deux sexes, blancs noirs et sang mêlés étaient réunis dans cette clairière.

Les noirs étaient en majorité; ces individus, nus ou à demi nus pour la plupart, formaient des groupes bizarres disséminés dans toute l'étendue de la clairière.

Au fond et masquant complètement l'horizon, s'élevait la masse imposante du gigantesque piton des Curidas, dont la cime chenue semblait se perdre dans le ciel.

— Arrête, dit Guerrier en laissant lourdement tomber sa main sur l'épaule du jeune homme, nous sommes arrivés.

Marcelin s'arrêta, un frisson d'épouvante parcourut tout son corps au spectacle étrange qui tout à coup s'offrit à ses yeux; mais il eut assez de puissance sur lui-même pour dissimuler toute trace d'émotion.

Le jeune homme se sentait observé et il savait que la plus légère marque de dégout ou de défaillance de sa part serait infailliblement le signal de sa mort.

— Tant mieux, répondit-il tranquillement, en s'essuyant négligemment le visage avec un pan de son vêtement, je suis heureux d'être enfin arrivé. Quelle course endiablée tu m'as fait faire, Guerrier! Dix minutes de plus, je crois, sur ma parole, que je serais resté en route.

— Allons, reprit en ricanant Guerrier François, tu es brave! par le vaudou! je crois que tu me feras honneur.

— Moi aussi, répondit-il. Que faisons-nous maintenant?

— Rien encore. Assieds-toi là près de moi et attendons.

Marcelin et son compagnon se placèrent alors sur un tronc d'arbre renversé, où d'autres individus étaient déjà assis.

XII

L'initiation

Goëthe, dans son immortel Faust, à un certain moment, fait conduire son héros par Méphistophélès au sommet des montagnes du Harz, dans la nuit du Walpürgis pour assister au sabbat des sorcières.

Jamais l'imagination du célèbre poète ne s'est montrée plus riche et plus féconde que dans la description de ce fantastique pandémonium. Mais si vigoureuses que soient les touches du maître, si complets que soient les détails auxquels il s'est complu, ce tableau étrange ne saurait approcher du spectacle réel et saisissant que Marcelin voyait, comme un infernal kaléidoscope, se dérouler devant ses regards épouvantés.

La clairière affectait une forme ovale; elle était, ainsi que nous l'avons dit, éclairée par d'immenses bûchers de bois résineux qui lançaient des flammes semblables à des incendies, agitées sans cesse par le vent et éparpillant ainsi de grandes masses d'ombre et de lumière qui imprimaient aux objets une apparence fantastique.

Au pied même du piton de Curidas s'élevait un autel grossier de trois pieds de long au plus, fait en bois mal équarri, peint en rouge, et sur lequel reposait une caisse assez grande, dont l'un des côtés était fermé par des barreaux en bambous disposés comme ceux d'une cage.

Cette caisse était l'arche sainte de la « Couleuvre sacrée ».

De chaque côté de l'autel, droits, immobiles, superbes, vêtus tout de rouge, se tenaient le roi et la reine des Vaudoux.

Le roi avait le front ceint d'un diadème d'étoffe rouge, portait comme une sanglante ironie, souvenir sans doute de l'esclavage du temps des Bourbons de France, un large ruban bleu en sautoir et tenait de la main droite un bâton court et teint de sang, en guise de spectre.

La reine était vêtue à peu près de la même manière.

Le roi était Floréal Apollon, la reine Roséide Suméra.

Plusieurs Vaudoux, à demi nus, agenouillés devant l'autel, se labouraient le visage avec leurs ongles, d'autres couraient de branche en branche sur les arbres avec une vélocité et une dextérité merveilleuses; d'autres accomplissaient des tours de force qui paraissaient au-dessus de la nature humaine et dont les convulsionnaires de la tombe du trop fameux diacre Pâris ont laissé les preuves évidentes.

Ceux-ci plongeaient leurs bras nus dans un chaudron rempli de substances en ébullition, ceux-là, couchés sur le dos, avaient fait placer sur leur poitrine un énorme mortier dans lequel plusieurs hommes vigoureux pilaient avec une sorte de rage des ignames et des bananes, sans que les patients en éprouvassent aucun mal.

Des femmes se livraient à une danse frénétique,

espèce de pyrrhique obscène, en portant sur leur tête, sans le secours des mains, une grande cruche pleine d'eau, dont elles ne laissaient pas tomber une goutte.

Plus loin, des sorciers et des sorcières faisaient des incarnations magiques, vendaient des remèdes pour certaines maladies réputées incurables et jonglaient avec des serpents de l'espèce la plus dangereuse.

Ce n'étaient que chants, cris et rires; et pour compléter le tableau, les sifflements furieux du vent, les éclairs et les éclats retentissants de la foudre rendaient cette scène effrayante plus épouvantable encore.

Le pauvre Marcelin se croyait transporté en enfer; malgré tout son courage, il se sentait faiblir, l'épouvante s'emparait de lui; la force seule de sa volonté l'empêchait de se lever et de prendre la fuite.

Tout à coup, un coup de sifflet strident retentit dans la clairière; aussitôt, comme par enchantement, chacun s'arrêta, et un silence complet remplaça le tumulte effroyable qui régnait une seconde auparavant.

Un nouveau signal se fit entendre, plus bref et plus impérieux que le premier.

Les Vaudoux s'affublèrent alors tant bien que mal de vêtements et de lambeaux d'étoffe rouge, puis ils se mirent sur une seule ligne et, prenant le pas gymnastique, ils passèrent trois fois devant l'autel en imitant les ondulations d'un immense serpent.

Le troisième tour accompli, ils se rangèrent devant l'autel en chantant en chœur ces paroles singulières, dont la cadence était réglée par un coup de bâton frappé à intervalles égaux sur une énorme « bamboula » ou tambour, tenue par un vieux papa et réputé sacré:

> A ia bombaïa bombe,
> Lamma samana quana,
> E van vanta,
> Vana docki.

Ces paroles, suivant Drouin de Bercy, ne sont qu'un refrain et signifient:

« Jurons de détruire les blancs et tout ce qu'ils possèdent, mourons plutôt que d'y renoncer. »

Reste à savoir si cette traduction est exacte.

Nous avouons franchement notre ignorance à ce sujet.

Au cas où ces paroles seraient traduites exactement, elles doivent être, tout le fait supposer, les restes d'un chant de guerre composé, lors du grand soulèvement des noirs contre les blancs, par quelque barde africain.

Le roi leva son sceptre; aussitôt le silence se rétablit.

La cérémonie, dont ce chant et cette course désordonnée n'avaient été que le prologue, commença enfin.

Tous les assistants renouvelèrent d'abord, avec de grands cris et des contorsions ridicules, leur serment au serpent.

Sur un signe du roi, Congo Pellé, qui se tenait près de lui un couteau à la main, se baissa et, soulevant la tête d'une chèvre qui gisait attachée à ses pieds, il l'égorgea et reçut le sang dans un vase; puis il fit circuler ce vase rempli de ce sang fumant de main en main.

Parmi les assistants, chacun but à son tour, en jurant obéissance aveugle au serpent et secret inviolable au dieu Vaudou.

Ce devoir accompli, la caisse dont nous avons parlé précédemment fut descendue.

La reine, montant alors dessus cette caisse, comme la pythie sur son trépied, fut presque aussitôt en proie à des convulsions étranges.

Elle s'agitait, frémissait, parlait, éclatait, maudissait, prophétisait et répondait, au nom de la divinité, à tous les assistants, qui tour à tour s'approchaient respectueusement d'elle et adressaient des demandes à la couleuvre.

Les uns interrogeaient l'oracle sur leur santé, les autres voulaient savoir le moyen le plus propre à réussir dans leurs entreprises; ceux-là, guidés par la haine, ceux-ci par l'amour et la passion qui a le crime pour objet, faisaient les questions les plus étranges; mais si singulières que fussent ces questions, aucun d'eux ne trouvait jamais le Vaudou sourd à ses sollicitations.

Un vase, à demi recouvert d'une loque sordide d'un vert pâle, servait à recevoir les offrandes que les initiés déposaient à tour de rôle en présent pour le dieu.

C'est avec ces offrandes, qui sont obligatoires pour tous les affiliés, que se payent toutes les dépenses du culte, qu'on subvient aux besoins des sectaires malades ou embarrassés dans leurs affaires et qu'on maintient parmi les étrangers l'influence de la secte.

Puis une espèce de conseil s'installa, composé des membres les plus importants de l'association; conseil dans lequel chacun proposa des plans pour se venger de certains hommes de couleur puissants; on arrêta des démarches à faire, on prescrivit des ordres et on convint de certains moyens d'exécution, que la reine appuyait toujours de la volonté du dieu.

Ces divers complots étaient particulièrement tramés contre la famille de M. Colette et contre celle de M. Duvauchelle, pour lesquels surtout les chefs des Vaudoux semblaient professer une haine profonde.

Lorsque toutes ces dispositions eurent été définitivement arrêtées, on leva ensuite le conseil, et les adeptes, sur un signe impérieux du roi ou papa Vaudou, se reculèrent à une courte distance et formèrent un immense demi-cercle autour de l'autel.

— Les néophytes! cria le roi d'une voix retentissante.

Un grand mouvement s'opéra alors dans la foule, mouvement d'intérêt et de curiosité.

Vingt-deux nègres, au nombre desquels se trouvait Marcelin, furent immédiatement amenés par leurs parrains respectifs et placés sur une seule ligne au centre du cercle.

Le jeune homme était resté jusque-là assis avec François Guerrier à l'extrémité opposée de la clairière; par conséquent il n'avait pu voir qu'imparfaitement ce qui s'était passé devant l'autel et ne s'en était pas rendu compte; grâce au laps de temps qui s'était écoulé depuis son arrivée, la réflexion, en lui faisant voir sa position telle qu'elle était réellement, avait rétabli le calme dans son esprit; tout son courage lui était revenu, et ce fut d'un pas ferme qu'il alla prendre place au milieu du cercle.

Guerrier François l'avait averti à peu près des preuves qu'il devait subir.

Il attendait calme et digne.

L'initiation commença.

— Que veux-tu ? demanda d'un air féroce le roi au récipiendaire le plus rapproché de lui.

— Je désire, répondit humblement le nègre, baiser la couleuvre sacrée et recevoir de la reine Vaudou ses ordres et ses poisons.

Ces paroles étaient la formule consacrée.

Le roi Vaudou reprit :

— Connais-tu les conséquences de la démarche que tu tentes en ce moment ?

— Je les connais.

— Te crois-tu assez courageux pour supporter sans te plaindre les épreuves qu'il te faut subir pour être admis parmi les enfants de la couleuvre sacrée ?

— Je le crois.

Le nègre n'avait pas achevé de prononcer ces trois mots que le roi Vaudou s'était élancé sur lui d'un bond de tigre et lui avait, d'un coup de poignard, traversé le haut du bras droit de part en part, près de l'épaule.

Le malheureux, surpris à l'improviste, jeta un horrible cri de douleur, cri auquel répondit aussitôt comme un écho sinistre le rire strident et railleur des Vaudoux, spectateurs impassibles de cette initiation affreuse.

Le roi jeta un regard de mépris au malheureux néophyte.

— Ah ! dit-il, voilà ton courage ? Jetez ce chien aux gypaètes.

Congo Pellé se précipita aussitôt sur le malheureux néophyte et il lui fendit la tête d'un seul coup de hache.

Le nègre tomba comme une masse.

Il était mort.

— A un autre, reprit froidement le roi Vaudou, en repoussant dédaigneusement le cadavre du pied.

Marcelin s'avança.

Le hasard lui avait assigné la seconde place.

Floréal Apollon le considéra un instant d'un air sombre et rêveur; le jeune homme demeura calme la tête haute et le regard rivé sur celui du roi Vaudou.

Celui-ci, après un instant de silence, lui adressa les mêmes questions qu'au premier néophyte.

Marcelin répondit par les mêmes paroles que son prédécesseur avait dites avant lui.

— C'est bien, dit en ricanant Floréal Apollon. Etends le bras droit dans toute sa longueur.

Le jeune homme obéit.

Le roi, saisissant alors un tison ardent, l'appliqua sur le bras du jeune homme, où il le maintint en le regardant en face.

Les chairs grésillaient, le sang sifflait; c'était un supplice horrible.

Marcelin souriait.

— Ah! dit le roi en jetant le tison loin de lui avec un geste de surprise qu'il ne put réprimer pour tant de constance, tu ne crains donc pas la douleur.

— Je ne crains rien; la douleur n'existe pas, répondit-il d'une voix douce et sans se douter qu'il parodiait, à vingt siècles de distance, un sage de l'antique Grèce, et, retirant un long couteau de sa ceinture: regarde, dit-il.

Il enleva d'un seul coup toutes les chairs brûlées.

Les Vaudoux, bons connaisseurs en telle matière, poussèrent malgré eux un cri d'admiration à cette preuve inouïe du mépris de la souffrance.

— C'est bien, reprit froidement le roi en lui tendant la main.

Marcelin présenta son bras brûlé, le roi le serra de façon à lui causer une douleur atroce; malgré la souffrance le jeune homme ne sourcilla pas; le sourire demeura stéréotypé sur ses lèvres et aucun frémissement n'agita son corps.

Floréal l'examinait attentivement, essayant de surprendre une contraction nerveuse sur son visage.

— Tes épreuves sont finies, dit enfin le roi en laissant retomber son bras; tu es un véritable enfant de la couleuvre. Seras-tu fidèle au serpent?

— Je le serai.

— Jures-tu de garder un secret inviolable sur la secte dont tu as l'honneur de faire maintenant partie?

— Je le jure.

— Approche.

Le jeune homme fit deux pas en avant.

Le roi se baissa, ouvrit la cage; Floréal Apollon saisit la couleuvre et la roula autour du corps du nouvel initié; la couleuvre s'étendit, tourna rapidement ses anneaux autour du jeune homme et monta jusqu'à son cou.

— Baise la couleuvre sacrée et rends-la-moi, dit le roi Vaudou.

Marcelin obéit.

Le roi la replaça dans la cage.

— Tu es un enfant de la couleuvre: demande les ordres et les poisons à la reine.

Le noir s'approcha de la reine.

Celle-ci souriait en le regardant venir. La bravoure du jeune homme l'avait émerveillée.

— Tends ton bras, lui dit-elle.

Elle examina avec une sérieuse attention l'horrible blessure, puis elle prit sur la cage une espèce de pâte verdâtre faite avec certaines herbes inconnues, l'étendit sur la plaie et l'y assujettit solidement au moyen d'un bandage fait avec l'écorce du fromager.

— Allons, tout est pour le mieux: demain il n'y paraîtra plus, dit-elle.

La douleur avait cessé comme par enchantement.

La reine se pencha alors vers le jeune homme et, d'une voix faible comme un souffle, elle lui communiqua les mots de passe et de reconnaissance ... c'est cela que les Vaudoux appellent recevoir les ordres ... puis elle lui mit dans la main un paquet d'herbes dont elle lui expliqua en quelques mots les propriétés.

— Va, enfant, dit-elle, et sois fidèle à la couleuvre sacrée.

Il salua respectueusement la reine et retourna à sa place.

Excepté deux qui furent impitoyablement massacrés, tous les autres récipiendaires subirent avec courage les épreuves affreuses auxquelles on les soumit.

— Enfants de la couleuvre, dit le roi lorsque la réception fut terminée, les grandes fêtes du renouvellement de l'année approchent: Noël, le premier de l'An et les Rois seront célébrés comme depuis longtemps elles ne l'ont pas été: trois victimes précieuses pour le serpent sont prêtes; elles seront sacrifiées en grande pompe; réjouissez-vous.

Les Vaudoux poussèrent des cris ou plutôt des hurlements de joie.

Le roi posa alors une main sur la caisse, tandis que de l'autre il serrait la couleuvre; il communiqua ainsi à la reine la commotion électrique que lui donna le reptile, et la reine transmit aussitôt cette commotion électrique au cercle entier des adeptes.

Alors il se passa un fait étrange, couronnement épouvantable de cette œuvre sans nom.

Les Vaudoux parurent subitement pris de vertige et ils furent à l'instant agités de mouvements convulsifs dans lesquels la partie supérieure du corps, la tête et les épaules semblèrent se disloquer; une exaltation fiévreuse s'empara de tous les initiés, que les boissons alcooliques qu'on leur distribuait sans cesse à profusion portèrent à son paroxysme.

Un coup de bamboula retentit.

Le roi monta sur la caisse renfermant la couleuvre, et, après avoir d'un geste réclamé le silence, il entonna d'une voix forte le chant sacré du Vaudou, qui fut répété en chœur par tous les initiés:

> Eh! Eh! bomba, hen! heu!
> Canga bafio té,
> Canga mouné délé
> Canga de kilà!
> Canga li.

Et soudain, comme s'ils étaient saisis de frénésie tous, hommes, femmes, enfants, car il y avait des enants parmi eux, ils se saisirent par la main et commencèrent une ronde infernale qui tourbillonna bientôt autour de la caisse avec une rapidité vertigineuse.

La bamboula résonnait sans cesse et les chants continuaient avec une ardeur nouvelle.

La danse tournoyait autour des brasiers comme une trombe que rien ne pouvait arrêter, à la lueur sinistre des éclairs qui zébraient le ciel d'une extrémité à l'autre de l'horizon et aux roulements formidables du tonnerre dans les mornes.

Cependant les danseurs tombaient tour à tour, harassés, épuisés, étourdis; mais ils étaient aussitôt transportés à quelque distance et remplacés par d'autres qui partaient avec une vitesse sans égale, et la danse continuait toujours, plus rapide et plus échevelée.

Cette ronde infernale dura pendant la nuit tout entière.

Lorsque Marcelin, qui avait été comme malgré lui emporté par le tourbillon, reprit ses sens, il était seul; tout avait disparu; il faisait grand jour; l'orage avait cessé; un soleil éblouissant rayonnait dans un ciel d'azur.

Le jeune homme crut d'abord, en ouvrant les yeux, avoir fait un songe horrible; mais son regard étant tombé sur son bras blessé, le souvenir lui revint et il se leva d'un bond et jeta un regard soupçonneux autour de lui.

Rien ne bougea.

Un sourire d'une expression indéfinissable erra

pendant quelques secondes sur les lèvres du brave et dévoué serviteur, et levant les yeux vers le ciel:

— Aux montagnes noires, maintenant, dit-il d'une voix profonde. Que Dieu soit béni! mon maître sera vengé!

Et le jeune homme s'élança en courant dans la direction des montagnes, où, ainsi que nous l'avons dit plus haut, M. Duvauchelle avait établi son observatoire et son quartier général.

XIII

La rencontre.

Un fait doit être constaté à l'honneur du dix-neuvième siècle; ce fait est celui-ci:

Grâce au progrès, dont l'irrésistible marée, poussée par la main invisible et toute-puissante de la Providence, monte sans cesse et, avec une régularité quasi mathématique, efface à jamais les derniers vestiges de la barbarie de nos pères, l'esclavage, cette lèpre hideuse, ce démenti ironique et cruel donné à la civilisation, qui, en Amérique, a amené l'extinction de races entières d'hommes et fait verser tant de sang et de larmes, n'existe plus que dans une seule contrée, l'île de Cuba, où, à la honte de l'humanité, il est conservé précieusement par la catholique Espagne.

Ce fait, acquis aujourd'hui à l'histoire, a une signification dont personne ne saurait nier l'immense importance.

A l'époque, bien près de nous encore, où le code noir régissait la plus grande partie du nouveau monde, les esclaves étaient partagés en deux classes sur les plantations.

Ces deux classes se partageaient ainsi:

Les nègres amenés de la côte d'Afrique et ceux nés sur les habitations.

Les premiers, quel que fût l'âge qu'ils eussent à leur débarquement en Amérique, conservaient toujours comme un stigmate indélébile, quoi qu'on fît pour les effacer, les caractères distinctifs de la race à laquelle ils appartenaient.

Domptés ou plutôt assouplis par le fouet du commandeur et le rotin du majordome, leurs instincts sauvages persistaient non seulement au fond de leur cœur, mais encore au contact d'une civilisation bâtarde qu'ils ne comprenaient pas et dont ils s'obstinaient à ne pas vouloir; ils s'y développaient au contraire avec une fauve énergie que rien ne pouvait abattre.

Trop faibles et surtout trop lâche pour résister en face à leurs maîtres impitoyables, ils appelaient à leur aide l'hypocrisie, la ruse et la patience, ces armes redoutables des vaincus; et, avec une astuce féline, ils guettaient l'occasion de se venger, souvent pendant des années entières, sans que jamais un mot ou un geste trahît au dehors leur implacable résolution.

Ces noirs étaient excessivement redoutés dans les plantations.

En effet, ils prêchaient la révolte aux autres esclaves.

Reliés entre eux par une haine commune, rêvant sans cesse de la patrie perdue, ayant pour unique mot d'ordre: Mort aux blancs! c'était dans leurs rangs que se recrutaient les sorciers, les charmeurs, les vendeurs de « quienbois », les Vaudoux et les empoisonneurs, ou pour mieux dire ils étaient tout cela à la fois.

Sur cent nègres d'Afrique débarqués par le même navire sur la colonie, au bout de six mois à peine, soixante-dix au moins avaient été tués comme des bêtes fauves ou s'étaient rendus « marrons », c'est-à-dire qu'ils avaient fui les habitations et, retranchés dans des mornes inaccessibles, étaient revenus à la vie sauvage, qu'en réalité ils n'avaient jamais abandonnée.

La vengeance commençait alors, et, rendus forts par l'association, ils faisaient de la propagande parmi les nègres restés fidèles, leur prêchaient la révolte et répandaient partout l'épouvante en semant autour d'eux la ruine, le meurtre et l'incendie.

Ce sont ces nègres marrons, toujours décimés et jamais détruits, qui, le moment de la vengeance enfin venu, se levèrent en masse, appelèrent leurs frères à l'indépendance, se ruèrent comme des tigres sur les plantations, et furent les premiers et les plus intrépides soldats de l'indépendance africaine à Saint-Domingue.

La seconde classe des noirs, naturellement beaucoup plus nombreuse que la première, se composait de nègres nés sur les habitations, dont pour la plupart le sang avait été mélangé par des croisements de races successifs, et dont beaucoup même avaient vu s'altérer complètement en eux le type primitif et la couleur.

Ceux-là, vivant en relations plus étroites et plus intimes avec les blancs, accoutumés aux exigences de la civilisation par l'exemple de leurs père et mère, et depuis longues années courbés à l'obéissance passive, avaient perdu peu à peu leur physionomie première, leur énergie native; ils avaient, en apparence du moins, accepté sans trop de peine le lourd fardeau de l'esclavage, qui depuis leur naissance pesait sur eux.

Paresseux, menteurs, gourmands, ces nègres étaient devenus lâches, et de lions s'étaient faits hyènes: servant bassement les haines de leurs maîtres, se faisant au besoin les exécuteurs de leurs fantaisies féroces, affectant comme à plaisir de paraître plus cruels encore que les blanc envers les autres esclaves placés sous leur dépendance par un caprice du planteur auquel ils appartenaient, et en toutes circonstances excitant les colons à redoubler de sévérité envers les récalcitrants ou les insoumis.

Ces esclaves, par leur bassesse même, étaient plus redoutables encore que les noirs des mornes. On nommait ainsi les fugitifs ou marrons, avec lesquels ils conservaient en secret des relations suivies et auxquels ils communiquaient les projets de leurs maîtres et qu'ils ne manquaient jamais d'avertir de toutes les mesures prises par eux contre leur sûreté.

Lorsque arriva l'abolition de l'esclavage et la proclamation de l'indépendance des noirs de Saint-Domingue, une ligne tranchée fut tracée tout naturellement entre ces deux classes de nègres.

Les premiers, féroces, ignorants, superstitieux, demeurèrent ce qu'ils avaient toujours été, des sauvages impatients de tout frein, pour lesquels le mot liberté signifiait licence, vol et paresse; tandis que les seconds se liguèrent plus intimement avec les hommes de couleur qui avaient dirigé la révolution et l'avaient menée à bien.

Mais ces noirs, inhabiles à fonder un ordre de choses logique et stable suivirent le système qu'ils avaient primitivement adopé ; et, faisant un travail de taupes, ils se faufilèrent partout et parvinrent, grâce à leur civilisation bâtarde et à peine ébauchée, à s'établir dans la plupart des positions secondaires, dont il fut plus tard impossible de les débusquer, d'autant plus qu'ils demeuraient toujours les alliés secrets des autres noirs, et savaient à propos se servir d'eux pour annuler tout ce que les hommes de couleur tentaient de bien et les intimider par la crainte, sans cesse suspendue sur leur tête, d'une révolte des anciens nègres des mornes, qui aujourd'hui encore forment la classe la plus remuante de la population pauvre.

Malgré le long temps qui s'est écoulé depuis la proclamation de l'indépendance et la reconnaissance officielle de la république haïtienne par les puissances européennes, cette ligne de démarcation, établie dès le principe à Saint-Domingue entre ces deux catégories de noirs, s'est toujours conservée et existe encore aujourd'hui dans toute sa pureté primitive; la lutte continue toujours sourdement entre eux, à la vérité, avec des intermittences d'alliances fortuites lorsque leurs intérêts communs l'exigent, mais sans que ces alliances puissent jamais, grâce à Dieu, devenir définitives: trop d'intérêts différents séparent ces hommes, qui se haïssent et se méprisent pour ainsi dire instinctivement à cause de la nuance plus ou moins tranchée que le croisement de race a, comme un stigmate indélébile, posé sur leur brun épiderme.

Nous fermerons ici cette parenthèse, peut-être trop longue au gré du lecteur, et nous reprendrons notre récit,

Disons d'abord qui était ce jeune noir qui paraissait si dévoué à son maître.

Marcelin était né au Texas; il était esclave et fils d'esclave. Son premier maître était d'origine française; il habitait Galveston. C'était un homme juste et intelligent; il subissait l'esclavage comme une loi du pays dans lequel il s'était fixé; mais il était bon et doux pour les quelques noirs qu'il possédait, car il était loin d'être riche.

Il ne leur imposait pas de tâche au-dessus de leurs forces, les aimait, les instruisait lui-même et les protégeait en toutes circonstances.

Le bruit courut même à sa mort qu'il les avait émancipés par son testament; mais soit que ce testament n'existât pas, soit, ce qui est plus probable, et ainsi que cela n'arrive que trop souvent en Amérique, qu'il eût été supprimé par les avides héritiers du planteur, ce testament ne se retrouva pas, et les pauvres nègres furent mis en vente lorsque s'ouvrit la succession de leur ancien maître.

Ce fut au moment où ce bétail humain était aux enchères dans la salle des ventes publiques que M. Duvauchelle, depuis quelques jours à peine au Texas, où l'avaient appelé certaines affaires, et amené là par hasard, saisi de pitié à la vue de ces malheureux qui sanglotaient sous le regard impassible du commissaire-priseur et les quolibets cruels de la foule, acheta Marcelin et sa mère.

Marcelin, nous l'avons dit plus haut, était un enfant alors.

Arrivé dans l'hôtel qu'il habitait, M. Duvauchelle fit appeler deux magistrats, qui, par ses ordres, rédigèrent aussitôt un acte de libération des deux nouveaux esclaves, lequel acte, ainsi que le voulait la loi, fut signé par quatre négociants notables du pays.

Les deux magistrats, après avoir consciencieusement accompli leur office et reçu un généreux salaire comme rémunération de leur travail, se retirèrent avec force révérences.

M. Duvauchelle se tourna alors vers les deux esclaves qui, blottis craintivement dans l'angle le plus obscur de la salle, avaient assisté, mornes et tristes, à cette scène, sans y rien comprendre, et s'adressant à la pauvre mère qui pleurait silencieusement en pressant étroitement son enfant sur son sein:

— Tenez, bonne femme, lui dit-il avec bonté, prenez ce papier, vous êtes libre.

— Libre, murmura-t-elle en le regardant avec une surprise mêlée de défiance, libre de quoi faire, maître?

— Comment, de quoi faire? Ce que bon vous semblera, pauvre femme; d'aller et de venir à votre guise sans que personne puisse s'y opposer; en un mot je vous rends votre liberté: vous n'êtes plus esclave, vous êtes libre; libre, entendez-vous?

La pauvre femme, sans même faire un geste pour prendre le papier, secoua la tête avec incrédulité.

— Ce n'est pas possible, dit-elle, vous avez du sang noir dans les veines, mon maître.

— Eh bien! que prouve cela? reprit-il.

La négresse baissa la tête sans répondre.

M Duvauchelle la considéra un instant avec une expression de pitié extrême.

— Je vous comprends, malheureuse femme, dit-il avec tristesse; les hommes de couleur sont encore plus cruels pour la race dont ils sortent que les blancs eux-mêmes: n'est-ce pas ce que vous avez voulu dire?

Elle leva les yeux sur lui.

— Oui, murmura-t-elle d'une voix à peine distincte.

— Rassurez-vous, pauvre femme, reprit M. Duvauchelle avec bonté, je suis d'un pays où l'esclavage a été aboli et où les nègres ont su conquérir leur indépendance.

— Existe-t-il donc un tel pays? demanda-t-elle avec surprise.

— Certes ce pays existe, et je compte y retourner avant peu, c'est-à-dire aussitôt que mes affaires ici seront terminées. Sachez-le: en vous achetant je n'ai eu qu'un seul but, celui de vous soustraire, ainsi que votre fils, pour toujours à l'esclavage, et vous rendre la liberté. Prenez ces deux cents dollars, ils suffiront, je l'espère, pour vous fournir les moyens de vous créer une industrie quelconque qui vous fasse vivre.

La négresse secoua tristement la tête et, de même qu'elle avait refusé le papier, elle repoussa résolument la bourse pleine d'or que lui tendait M. Duvauchelle.

— Mais, dans ce pays dont vous me parlez, maître, demanda-t-elle en scandant lentement ses mots comme si un pénible travail se faisait dans sa tête, si vous n'avez pas d'esclaves, vous devez avoir des serviteurs, vous surtout qui sans doute êtes très riche?

— Nous avons des serviteurs, en effet, répondit en souriant M. Duvauchelle, mais des serviteurs que nous payons et qui sont libres de prendre une condition et de nous quitter lorsque bon leur semble.

— Bien, fit-elle en riant, selon l'habitude des noirs lorsqu'ils éprouvent une grande joie, gardez, je vous prie, maître, cet or et ce papier dont nous n'avons que faire; nous serons, mon fils et moi, vos serviteurs.

— Eh quoi! vous consentiriez à abandonner votre pays!

— Un esclave n'a pas de pays, pas de patrie, dit-elle avec tristesse; vous parti pour ne plus revenir, maître, cette liberté que vous nous donnez si généreusement aujourd'hui nous serait ravie de nouveau demain. Vous ne connaissez pas les blancs du Texas; complétez votre bonne œuvre, maître; laissez-nous vous suivre. Qui sait? peut-être un jour les deux misérables nègres que vous sauvez si noblement aujourd'hui acquitteront-ils la dette du cœur qu'ils contractent en ce moment envers vous. Au nom de tout ce que vous aimez, maître, laissez-nous vous suivre dans votre pays.

— Soit, dit M. Duvauchelle, attendri par ce langage si simple et si vrai; soit, vous me suivrez à Haïti; seulement, souvenez-vous que vous m'accompagnez par l'effet seul de votre volonté et que vous êtes libres.

— Oh! monsieur, nous sommes plus esclaves que jamais, répondit la négresse en souriant avec bonheur, car maintenant nous le sommes par reconnaissance.

Tout fut dit entre ces trois personnes, sans plus de conversation.

Quelques jours après, M. Duvauchelle ayant enfin terminé ses affaires, ils partirent ensemble pour Saint-Domingue.

Les noirs sont extrêmes en tout: ils aiment ou ils haïssent.

De même qu'ils savent inventer d'horribles raffinements de barbarie pour se venger de ceux auxquels ils en veulent, de même leur dévouement est sans limite lorsque leur reconnaissance est mise en jeu.

Marcelin et sa mère accomplirent strictement la parole qu'ils avaient si spontanément donnée: ils avaient pour leur maître des soins attendrissants, des attentions d'une délicatesse extrême, et dans maintes circonstances le planteur, ce qui, hélas! est bien rare, se félicita de sa bonne action.

Lorsque les épouvantables événements que nous avons rapportés plus haut eurent lieu, Marcelin résolut de se dévouer pour son maître en s'affiliant aux Vaudoux; il confia son projet à sa mère; celle-ci l'embrassa en souriant et ne lui dit que ce seul mot:

— Fais!

Et, malgré lui, M. Devauchelle avait été obligé de souscrire aux volontés du jeune homme et d'accepter son dévouement.

Nous avons dit par quelles rudes épreuves le pauvre noir avait passé pour être affilié à la redoutable secte des Vaudoux et comment il était enfin tombé évanoui pendant la ronde furieuse des adeptes autour de la cage de la couleuvre sacrée.

Le matin, en reprenant connaissance, Marcelin avait curieusement et anxieusement regardé autour de lui.

Le jeune noir, bien qu'il fût civilisé, avait cependant conservé dans toute leur pureté les instinct sauvages de la race à laquelle il appartenait.

Aussi, quoi qu'il fût seul en apparence, et que, aussi

loin que sa vue pouvait s'étendre dans toutes les directions, la campagne semblât entièrement déserte, cependant il ne se laissa pas tromper à cette feinte solitude, car, par intuition, pour ainsi dire, il se sentait observé et épié par des regards invisibles dont l'acuité pesait sur lui.

Il se leva d'un air nonchalant, s'étira à deux ou trois reprises comme un homme qui sort d'un lourd sommeil, et d'un pas calme, tranquille et reposé, il se dirigea lentement vers Léogane, tournant ainsi résolûment le dos aux montagnes noires où il voulait se rendre, et où il avait pourtant si grande hâte d'arriver.

Il marchait ainsi depuis quelques minutes déjà, chantant à demi-voix une chanson créole, et il se frayait à grand peine un passage à travers les épais buissons de la forêt de l'Artibonite, lorsque tout à coup une voix rude retentit à son oreille et un homme surgit devant lui comme s'il eût subitement jailli des entrailles de la terre.

— Tu es bien gai, ce matin, Marcelin, dit ironiquement cet homme.

Le jeune noir s'arrêta, tressaillit imperceptiblement, composa son visage et leva les yeux sur son terrible interlocuteur.

Floréal Apollon, enveloppé dans sa couverture blanche, se tenait devant lui, sombre et les bras croisés, le regardant fixement, tandis qu'un sourire sardonique plissait les commissures de ses lèvres épaisses et d'un rouge sanglant.

— C'est que la nuit a été très bonne pour moi, papa

Vaudou, répondit nettement le jeune homme, et que je me sens content ce matin.

— Ah! reprit Floréal en rivant sur lui son œil fascinateur, comme s'il eût voulu lire au fond de son âme, tu trouves que la nuit a été très bonne pour toi?

— Oui, reprit-il, pendant qu'une expression de haine étrange décomposait les traits si beaux de son visage; et cette nuit, si je ne me trompe, m'en présage d'autres bien plus agréables encore.

Il y eut une pause de quelques secondes.

— Que t'a donc fait ton maître, demanda le vaudou, pour que tu le haïsses tant?

— Ce qu'il m'a fait? Tu l'as dit toi-même, papa Vaudou.

— Comment?

— Il est mon maître! reprit-il avec un rire strident en jetant un regard étincelant sur Floréal Apollon, toujours immobile et sombre en face de lui.

— Bien, murmura celui-ci à part lui, mais assez haut cependant pour être entendu du jeune homme; je ne m'étais pas trompé.

Et il ajouta à voix haute:

— Où vas-tu comme cela?

— Je vais à Léogane, boire du tafia chez maman Néréine.

— Est-ce tout?

— J'irai ensuite rendre une petite visite à Julie, mon amoureuse, vous savez, la jolie blanchisseuse de Bizoton.

— Tu aimes Julie

— Je dois l'épouser.

— Ce n'est pas toujours une raison, fit le Vaudou

avec un rire ironique. Puis il reprit au bout d'un instant: Ecoute, tu me plais; peux-tu être fidèle?

— Oui, à ceux que j'aime.

Floréal Apollon le regarda d'une certaine façon:

— Et moi, m'aimes-tu? lui demanda-t-il brusquement.

— Pourquoi pas? Vous ne m'avez jamais fait de mal.

— Veux-tu me servir?

— Je ne puis quitter mon maître, répondit-il en fronçant les sourcils.

— Je ne prétends pas te faire quitter son service, sois tranquille.

— Comme cela, je consens.

— Tu me seras fidèle?

— Oui.

— Jure-le sur la couleuvre.

— Je le jure sur la couleuvre

— C'est bon, tu sais à quoi ce serment t'engage, enfant, dit le redoutable nègre d'un ton de menace qui, malgré lui, fit frissonner l'intrépide jeune homme.

— Je le sais et je le tiendrai, papa Vaudou, répondit-il d'une voix ferme. malgré l'émotion intérieure qu'il éprouvait.

— Suis-moi.

— Marchez devant, papa Vaudou, où vous irez, j'irai; où vous passerez, je passerai. Je suis un coureur de bois, moi aussi.

— Viens donc, enfant.

Floréal Apollon se détourna alors et s'enfonça dans la partie la plus épaisse et la plus sauvage de la forêt, s'avançant avec la rapidité et la sécurité d'un homme qui connaît parfaitement les parages dans lesquels il se trouve.

Marcelin marchait résolûment derrière le nègre, bien que son cœur fût oppressé et qu'une crainte vague se fût emparée de lui.

Mais il était trop tard maintenant pour reculer, et si grands que fussent les dangers qu'il eût à courir, il lui fallait aller jusqu'au bout sur les pas de son redoutable guide.

D'ailleurs le jeune noir avait, sans arrière-pensée, fait le sacrifice de sa vie. Sa résolution était irrévocablement prise, et pour rien au monde il n'aurait consenti à retourner en arrière.

XIV

Le fort des Vaudoux.

Les deux hommes marchèrent ainsi pendant près d'une heure, en file indienne, ainsi que disent les Peaux-Rouges dans les grandes prairies américaines, c'est-à-dire ne suivant aucun sentier tracé, faisant détours sur détours, crochets sur crochets, et s'enfonçant de plus en plus profondément au milieu de cette luxuriante et puissante nature tropicale, dont le calme majestueux semblait n'avoir jamais été troublé avant eux par le bruit d'un pas humain.

Ils n'échangeaient aucune parole.

Deux ou trois fois Marcelin, pour faire sans doute montre de son entière tranquillité d'esprit, avait essayé de fredonner à demi-voix quelques notes d'une chanson créole; mais à chaque tentative de ce genre, son guide, son compagnon ou son maître, ainsi qu'il plaira au lecteur de nommer le redoutable nègre, lui avait impérieusement imposé silence d'un geste.

Le jeune homme, bien qu'il fût un déterminé chasseur et un expert coureur des bois, ainsi que lui-même l'avait dit, avait fini par complètement perdre sa direction sous ces immenses arceaux de verdure qui se succédaient sans interruption les uns aux autres, au milieu des profonds ravins et des sombres et mystérieuses lagunes qu'il traversait.

d'un formidable rideau d'arbres gigantesques dont les troncs se resserraient de plus en plus autour de lui.

Le ciel était invisible et le soleil, tamisé par les épaisses couches du feuillage que ses rayons perçaient à grand'peine, ne laissait pénétrer sous le couvert qu'une lueur presque crépusculaire qui suffisait à peine pour que les voyageurs parvinssent à se diriger.

Parfois, une éclaircie se faisait dans le toit de feuilles, un rayon de soleil, semblable à une flèche de feu, jaillissait alors, dorant de reflets changeants les arbres de la forêt, puis, quelques pas plus loin, l'obscurité reprenait plus intense.

Ils s'avancèrent ainsi derrière l'un l'autre sans échanger une parole, sans se reposer une seconde.

— Halte! dit tout à coup Floréal.

Marcelin s'arrêta et jeta autour de lui des regards curieux.

Ils se trouvaient en ce moment sur les bords escarpés d'une immense crevasse, large d'une cinquantaine de pieds au moins, et dont les parois étaient à pic.

Au fond de cette crevasse on entendait, en prêtant attentivement l'oreille, le bruit monotone d'une eau invisible.

— Hum! murmura à part lui le jeune homme, comment allons-nous traverser cette lagune? cela ne me semble guère facile; quant à descendre au fond et remonter de l'autre côté, ajouta-t-il en se penchant sur l'abîme, ce serait folie d'y songer seulement une seconde : les bords sont droits comme les murailles d'un fort.

Floréal le regarda un instant avec un mauvais sourire, puis il se baissa silencieusement, fouilla dans un buisson, et de dessous un monceau de feuilles mortes qui la cachait, il retira une corde à nœuds assez rosse, très longue et *lovée* à la marinière.

A l'extrémité de cette corde se trouvait un fort ampon de fer.

Le nègre enroula un des bouts de cette corde autour du tronc d'un énorme fromager qui avait poussé ses puissantes racines sur la lèvre même de la crevasse, puis il laissa tomber le reste de la corde dans l'abîme.

— Voilà notre chemin, dit-il, en se retournant avec un ricanement sinistre vers le jeune homme, qui le regardait avec curiosité.

— Soit, répondit laconiquement celui-ci.

— Je passe le premier, répondit Floréal; tu ne descendras que lorsque je te le dirai; surtout tiens-toi bien après la corde, si tu ne veux pas faire une chute de plus de deux cents pieds. As-tu peur, enfants?

— Pourquoi aurais-je peur, papa Vaudou? fit-il en riant. Bah! ne vous inquiétez pas de moi; et puis, après tout, ne vous ai-je pas dit déjà que où vous iriez, j'irai?

— C'est bien, tu es un brave enfant, murmura Floréal.

— Vous l'avez proclamé devant tous, cette nuit, lors de mon initiation, répondit froidement le jeune homme en relevant la manche de sa chemise et lui montrant son bras.

— C'est bien, dit Floréal Apollon, maintenant, regarde,

— Bon, faites.

Le nègre se coucha sur le bord du précipice, saisit la corde, se rejeta en arrière et disparut dans le gouffre.

Malgré lui, l'intrépide jeune homme jeta un regard soupçonneux autour de lui; la pensée de fuir traversa son esprit, mais cette hésitation, ou cette peur, ou plutôt cette défaillance n'eut que la durée d'un éclair.

— Le danger, si le danger existe, est derrière moi, et non pas devant, se dit-il; ces bois sont pleins d'embûches, chaque feuille a des yeux, chaque tronc d'arbre des oreilles pour m'espionner; mieux vaut aller bravement en avant.

En ce moment, la voix de Floréal s'éleva sombre et brève du fond de la crevasse.

— Viens, dit-elle.

— A la grâce de Dieu, reprit résolûment le courageux et dévoué jeune homme. Bah! ajouta-t-il avec un sourire, après tout, comme dit ma mère, on ne meurt qu'une fois!

Et, après avoir fait pieusement le signe de la croix et murmuré entre se dents une courte prière, il se coucha sur le sol, ainsi qu'il avait vu faire à Floréal, empoigna résolûment la corde et commença à descendre.

Il sentit bientôt que, afin de lui rendre la descente plus douce et plus facile, la corde était fortement maintenue du bas; cette attention acheva de le rassurer.

La lumière, déjà faible sur le bord de la crevasse, diminuait rapidement, au fur et à mesure que Marcelin s'enfonçait dans l'intérieur. Bientôt il se trouva dans une osbcurité profonde; le bruit de l'eau devenait de plus en plus fort; cependant il descendait toujours; cela dura ainsi plus de huit minutes.

D'après son calcul, il devait être au moins à quatre-vingts pieds de profondeur.

— Arrête, dit tout à coup à son oreille la voix de Floréal sans qu'il lui fût possible d'apercevoir le nègre.

Sans se déconcerter, Marcelin obéit.

Le Vaudou le saisit par le milieu du corps.

Marcelin lâcha la corde, et il se sentit tout à coup violemment tiré en arrière.

— Voilà qui est fait, dit le nègre.

— Où sommes-nous? demanda curieusement le jeune homme.

— Tu vas le voir; attends, que je fasse de la lumière.

Floréal battit le briquet et alluma une torche de bois-chandelle.

Le gouffre fut subitement illuminé.

L'endroit où ils se trouvaient arrêtés, sur un rebord large de six pieds au plus, était, ainsi que le reconnut Marcelin d'un coup d'œil, l'ouverture d'une grotte naturelle qui semblait s'enfoncer dans les entrailles de la terre.

— Diable! dit le jeune homme avec un franc éclat de rire, on est parfaitement à l'abri des embuscades ici : la cachette est habilement choisie.

— N'est-ce pas? fit le nègre en ricanant.

— Est-ce que nous sommes arrivés?

— Pas encore.

Floréal se pencha à l'ouverture de la grotte et siffla d'une certaine façon.

Un sifflet pareil lui répondit aussitôt du haut de la crevasse, et la corde fut retirée par des mains invisibles.

— Eh! eh! je crois que j'ai bien fait de ne pas hésiter et de descendre franchement, murmura le jeune homme; je ne m'étais pas trompé, il y avait des espions embusqués derrière les fromagers et les catalpas.

— Suis-moi, reprit Floréal.

— Où cela?

— Par ici, dit-il en sautant sur une espèce d'esplanade qui se trouvait devant la grotte et montrant à son compagnon, à la lueur de la torche qu'il tenait à la main, un énorme tronc de catalpa jeté en travers de la crevasse et dont l'extrémité opposée reposait sur une plate-forme semblable à celle sur laquelle ils étaient arrêtés; voilà où il nous faut passer, ajouta-t-il d'une voix sourde.

— Diable! fit le jeune homme avec un rire de bonne humeur, le chemin est étroit et pas du tout commode; j'en aimerais mieux un autre, papa Vaudou.

— Tu dis?

— Rien, répondit-il sur le même ton; ne faites pas attention, c'est une simple réflexion; j'ai l'habitude de parler tout seul.

— A ton aise, mon camarade; maintenant écoute-moi bien; nous sommes ici à cent vingt pieds de profondeur, c'est-à-dire à peu près à la moitié de la crevasse dont tu entrevois les eaux au-dessous de nous. Tiens, regarde!

Le nègre alluma une seconde torche et il la jeta dans l'abîme, où elle descendit en tournoyant et en produisant des effets de lumière étranges sur les parois rocheuses de la crevasse.

— Mais c'est un gouffre, murmura Marcelin en frissonnant malgré lui.

— Pas autre chose, répondit froidement Floréal. Fais bien attention, je passe le premier : le trajet est de quarante pieds environ, prends bien garde à ne pas trébucher en chemin, tu serais perdu. Quand je serai arrivé de l'autre côté, je lèverai la torche en l'air : tu te dirigeras sur elle. M'as-tu compris?

— Parfaitement.

— Et tu viendras?

— Pardieu! puisque vous serez là-bas, je ne vous laisserai pas seul, peut-être!

— Allons, allons, je ne m'étais pas trompé, tu es un brave, reprit-il d'une voix presque amicale cette fois.

Il y avait progrès, le jeune homme gagnait peu à peu dans les bonnes grâces de son singulier guide.

— Je pars, dit Floréal.

Et il s'engagea sur le tronc d'arbre, marchant avec une légèreté et une sûreté extrêmes.

— Allez, dit Marcelin. C'est égal, ajouta-t-il à part lui, sur ma parole, ce démon semble avoir juré de me faire rompre les os; si j'en réchappe, j'aurai de la chance; mais, au nom du Dieu tout-puissant, il ne sera pas dit que je serai resté en arrière; d'ailleurs, il est trop tard pour reculer maintenant. Bah! je veux lui prouver que rien ne saurait m'intimider.

Alors, sans hésiter, sans même réfléchir, il se lança

à corps perdu sur le pont, le traversa en courant et arriva de l'autre côté une demi-minute à peine après le Vaudou.

Celui-ci le regarda pendant un instant avec une espèce d'admiration sauvage; l'audace du jeune homme le confondait.

— Bien! dit-il, je suis content de toi; et il lui serra la main.

— Je crois que cette fois le tigre est muselé, murmura à part lui le jeune homme.

Floréal planta sa torche en terre.

— Aide-moi à jeter ce pont improvisé dans le gouffre, dit-il en prenant un fort levier en bois et en en présentant un autre à Marcelin.

— Ah çà, mais, dites-donc, nous nous coupons la retraite, il me semble, papa Vaudou, fit observer celui-ci.

— Et nous empêchons les surprises; mais rassure-toi, j'ai d'autres chemins. D'ailleurs, ce pont sera rétabli quand il le faudra; regarde autour de toi.

— C'est juste, dit nonchalamment le jeune homme, qui aperçut seulement alors une vingtaine de lourds madriers rangés sur la plate-forme elle-même, et dont l'extrémité se perdait dans l'intérieur du souterrain.

— La grotte en face de nous en contient autant, reprit Floréal.

Le jeune homme baissa la tête pour dissimuler un sourire narquois, et il se mit résolument à l'ouvrage.

Cinq minutes plus tard, le madrier s'engloutit dans le gouffre avec un bruit semblable à un coup de tonnerre.

— Voilà qui est fait, reprit le Vaudou. Viens

enfant ; maintenant nous n'avons plus rien à redouter.

— Peut-être, grommela Marcelin en jetant son levier.

Ils s'enfoncèrent dans la grotte.

Une longue galerie s'ouvrait devant eux ; cette galerie, assez haute et assez large, au lieu de descendre, montait, au contraire, par une pente imperceptible.

Le trajet fut assez long, il dura plus d'une demi-heure.

Enfin, les deux hommes arrivèrent à un endroit où un énorme bloc de rocher leur barra tout à coup la route.

Ils s'arrêtèrent.

Floréal éteignit sa torche en l'écrasant sur le sol et il la jeta.

Puis il s'appuya légèrement contre la paroi du souterrain.

Soudain le rocher tourna sans bruit sur lui-même et une lumière éclatante inonda subitement la sombre galerie.

— Viens, reprit Floréal.

Ils passèrent.

Le rocher retomba aussitôt sur lui-même et reprit immédiatement sa place, et cela d'une manière si nette et si précise qu'il fut impossible au jeune homme, en se retournant et en l'examinant avec soin, de reconnaître l'endroit où ils avaient passé ; il n'existait en apparence aucune solution de continuité.

Les deux hommes se trouvèrent sur une immense esplanade de plus de quarante mètres de tour, entourée de toutes parts d'immenses masses de rochers

Au milieu de cette esplanade s'élevait un bloc de

roche en forme de piton, qui s'élançait dans les airs à une hauteur de plus cent pieds.

Contre ce bloc et au pied de ce piton un ajoupa était adossé.

Devant la porte de l'ajoupa une **vieille femme** était assise sur un pliant en bambou, occupée à éplucher des légumes, tout en surveillant une marmite qui bouillait sur un feu allumé à quelques pas d'elle, et souriant d'un air bénin et protecteur aux ébats de trois petites filles de six à sept ans qui jouaient gaiement, avec l'insouciance de leur âge, sur l'esplanade.

Cette vieille femme était **Roséide Suméra, la reine des Vaudoux.**

Marcelin éprouva une émotion horrible, et un frisson de douleur parcourut tout son corps à la vue des enfants; il avait reconnu, au milieu de ces innocentes créatures, Marie Duvauchelle, la fille de son maître.

En l'apercevant, la petite fille poussa un cri de bonheur, et quittant aussitôt ses compagnes, elle accourut vers lui.

Le jeune homme, oubliant où il se trouvait, la saisit dans ses bras et la pressa contre sa poitrine en l'embrassant avec une joie douloureuse; mais comprenant aussitôt que la moindre imprudence suffirait pour la perdre et enlever ainsi à l'enfant son seul défenseur, il la reposa doucement à terre, et aussi froidement que cela lui fut possible :

— Va jouer, petite, lui dit-il.

L'enfant le regarda avec tristesse, puis elle rejoignit ses compagnes, tout interdite de voir ses caresses aussi mal reçues par un homme qui, ordinairement, lui témoignait tant d'amitié.

— J'ai cru que tu voulais l'étouffer, dit d'une voix sombre Floréal, dont un éclair de soupçon traversa le regard.

— Peut-être ai-je eu cette pensée, répondit-il en composant son visage.

— Sois tranquille, reprit le Vaudou avec un sourire sinistre, je me charge de la moitié de ta vengeance.

— Merci, dit-il avec un accent de haine auquel Floréal fut trompé.

— C'est donc toi, Marcelin? sois le bienvenu, mon ami, dit avec un cauteleux sourire la vieille négresse en se levant et venant au-devant du jeune homme.

— Bonjour, maman Roséide Suméra. Vous êtes donc par ici? répondit-il.

— Il le faut bien, reprit-elle; mais bientôt cela changera.

En parlant ainsi, elle échangea un regard diabolique avec le Vaudou.

— J'ai faim, dit celui-ci.

— Dans un instant, tout sera prêt, reprit-elle.

— Alors, achève de préparer le déjeuner, bonne vieille, pendant que je monte à l'observatoire, dit Floréal.

Il fit un signe à Marcelin, qui le suivit.

Derrière l'ajoupa, un grossier escalier avait été creusé dans le roc; cet escalier rampait le long du piton jusqu'aux deux tiers de sa hauteur environ; là, régnait une espèce de galerie de six pieds de large à peu près, qui faisait tout le tour du rocher.

C'était cette étroite et dangereuse galerie que le roi

Vaudou nommait fastueusement son observatoire.

De cette position élevée on planait dans toutes les directions, à une distance immense, sans que rien ne vînt arrêter le regard.

Le jeune homme ne put retenir un cri d'admiration à la vue du magnifique panorama qui se déroula comme par enchantement devant lui.

— Ah çà, mais, s'écria tout à coup Marcelin au comble de la surprise, Dieu me pardonne! papa Vaudou, mais nous sommes ici, sur le *piton de Curidas!*

— Oui, répondit simplement Floréal Apollon, le piton passe pour inaccessible; le secret, tu le vois, a été bien gardé, car depuis les premières années que les Vaudoux ont pénétré dans l'île de Saint-Domingue, ce qui remonte aux premiers temps de l'esclavage, ils y ont établi leur sanctuaire sacré, et jusqu'à ce jour personne n'a soupçonné que c'était ici leur fort. Crois-tu, enfant, qu'il soit possible de nous forcer ici? aujouta-t-il avec un accent de souverain mépris.

— Oh! non, s'écria le jeune homme avec une douloureuse conviction.

— Que peuvent les blancs et les ignorants métis contre les sectateurs de la couleuvre? s'écria le nègre en jetant autour de lui un regard de suprême orgueil. Bientôt sonnera l'heure du triomphe, ajouta-t-il en étendant le bras, d'un air de menace, vers les villes disséminées à ses pieds dans la plaine, tandis que ses traits prenaient une expression terrible; et alors, malheur! malheur à nos ennemis!

Il y eut un silence.

Marcelin regardait avec une indicible terreur ce

homme sinistre qu'il était tenté de prendre pour le génie du mal.

— Descendons, reprit, au bout d'un instant, Floréal d'une voix calme; maman Suméra nous fait signe que le déjeuner est prêt; puis il ajouta en posant lourdement sa main sur l'épaule du noir tremblant : je t'ai donné une preuve exceptionnelle de confiance en t'amenant ici, ajouta-t-il; tu connais ma puissance : une indiscrétion, même la plus légère, serait le signal de ta mort; fusses-tu caché dans les entrailles de la terre tu ne pourrais échapper à ma vengeance.

Le jeune homme frissonna intérieurement, mais se remettant presque aussitôt.

— J'ai juré sur la couleuvre sacrée, dit-il d'une voix ferme.

— Viens, reprit le Vaudou, après le déjeuner tu connaîtras mes intentions.

Ils descendirent.

La vieille était seule à l'entrée de l'ajoupa.

Marcelin chercha d'un regard inquiet les trois enfants, mais ce fut en vain.

Pendant son absence, ils avaient disparu.

Sans doute la vieille négresse les avait renfermés dans l'ajoupa.

XV

Le loup et le renard.

Ce déjeuner, bien que très suffisant, était cependant des plus modestes; il ne se composait que de camottes cuits sous la cendre, d'un morceau de chevreau rôti et de quelques bananes, le tout arrosé par du tafia et de l'eau-de-vie de France.

Roséide Suméra ne s'assit pas auprès des convives, elle se contenta de les servir, puis elle se retira à l'écart et prit son repas à part, avec les enfants sans doute; car, ainsi que nous l'avons déjà dit, les deux pauvres petites créatures avaient disparu.

Lorsque l'appétit de Marcelin, fortement surexcité par sa course matinale et surtout par l'exercice endiablé auquel il s'était vu contraint de se livrer pendant la nuit précédente, fut à peu près apaisé, car la nature ne perd jamais ses droits et, malgré la terreur secrète qui lui serrait le cœur, Marcelin mourait littéralement de faim, Floréal Apollon, qui n'avait cessé de le surveiller à la dérobée et, tout en l'excitant à manger, n'avait touché, lui, que du bout des lèvres, et seulement par contenance, aux mets placés devant lui sur un plat en bois, fit un signe à la vieille négresse, qui se retira aussitôt dans l'ajoupa, et saisissant par le cou une énorme bouteille de rhum, au ventre rebondi qui se trouvait auprès de lui, il versa un plein verre au jeune homme de la traîtresse liqueur.

— Maintenant que tu as mangé, fit-il avec un regard louche, il faut boire.

— Je ne demande pas mieux, dit le jeune homme en riant, et cela avec d'autant plus de plaisir que je meurs de soif.

— Alors, puisqu'il en est ainsi, buvons ; à ta santé, frère, lui dit-il en choquant son gobelet contre le sien.

— A la vôtre, papa Vaudou, répondit sans sourciller Marcelin, en vidant d'un trait cette effrayante rasade et faisant ensuite claquer sa langue contre son palais, d'un air de satisfaction.

— Comment, trouves-tu cela, camarade? fit-il avec un mauvais sourire.

— Excellent, je mentirais si je disais autrement ; je me trompe beaucoup ou c'est du vrai rhum de la Jamaïque.

— Oui, et qui plus est, a fait deux fois le tour du monde.

— Ah! bien, il a plus voyagé que moi alors, répondit Marcelin en riant.

— C'est vrai ; mais est-ce que tu n'as pas voyagé toi aussi, camarade?

— Moi? ma foi non, répondit-il de l'air le plus naïf qu'il put affecter.

— Je croyais que tu étais né en terre ferme, reprit le Vaudou en lui versant une seconde rasade plus copieuse que la première. Mettons que je me suis trompé.

— Savoir, fit le jeune homme en reposant son verre

vide sur la terre qui servait de table. Qu'appelez-vous terre ferme, d'abord ?

— Dame ! l'Amérique, le Texas, que sais-je moi ; enfin tout ce qui n'est pas une île.

Marcelin releva la tête et le regarda en riant d'un air narquois.

— Vous n'y êtes pas, mon brave homme, dit-il en riant.

— Comment, je n'y suis pas ?

— Pardi ! et l'Afrique donc ! est-ce que ce n'est pas de la terre ferme aussi ?

— C'est vrai, mais tu n'es pas Africain ?

Le noir se remit à rire en hochant la tête et tendit son verre.

Floréal Apollon le remplit de nouveau jusqu'au bord.

— A votre santé, compère ! le rhum, voyez-vous, c'est meilleur que du tafia : le diable emporte ceux qui diront le contraire !

Et le gobelet fut vidé d'un trait.

L'ivresse faisait des progrès rapides : la langue du noir devenait pâteuse, ses yeux brillaient comme des escarboucles.

— En veux-tu encore ? lui demanda Floréal, qui ne buvait qu'avec ménagement et suivait attentivement sur son visage les ravages causés par l'homicide liqueur.

— Toujours ! reprit-il gaiement.

Le verre fut de nouveau rempli et vidé.

Floréal jeta loin de lui la bouteille mise à sec par ces assauts répétés et en déboucha une seconde.

— Ainsi tu es d'Afrique ?

Il y eut un silence de quelques minutes pendant lesquelles les deux hommes s'observaient d'un air sournois.

— Savez-vous lire? répondit enfin Marcelin en ricanant.

— Dame, je le crois, répondit le Vaudou.

— Alors, lisez cela.

Et, relevant la manche gauche de sa chemise, il lui montra son bras, sur lequel se trouvait un tatouage bleu.

Ce tatouage avait sans doute une signification mystérieuse.

En l'apercevant, Floréal tressaillit, et saisissant vivement le bras du jeune homme, il l'examina pendant deux ou trois minutes avec la plus profonde attention.

— Il serait possible! s'écria-t-il enfin avec stupéfaction.

— Ah! ah! fit le noir en hochant gravement la tête à deux ou trois reprises, vous avez compris, à ce qu'il paraît.

— Oui, oui, murmura Floréal d'un air pensif, c'est le signe du *Purrah*.

— Il y a autre chose encore.

— J'ai tout déchiffré, reprit-il, tu es non seulement un enfant d'Ardrarh, mais tu portes la marque distinctive des principaux *obis* du Purrah! Si jeune! ajouta-t-il en laissant tomber sa tête sur sa poitrine avec stupeur.

Marcelin baissa la manche de sa chemise et regardant le Vaudou avec hauteur :

— Qu'importe l'âge? lui dit-il d'un ton bref et

méprisant. Ignores-tu donc, toi, le roi des Vaudoux, que le Purrah est seul puissant parmi les enfants de la brûlante Afrique, et que les *obis*, chefs consacrés au serpent dès leur naissance, se succèdent en ligne directe?

— Tu as raison, je l'avais oublié. Regarde, ajouta-t-il vivement en tendant son bras gauche, sur lequel était tatoué le même signe, moi aussi je suis un obi.

— Je le savais, répondit Marcelin, sans cela me serais-je découvert à toi?

— C'est juste, nous sommes frères; mais alors, puisqu'il en est ainsi, pourquoi, au lieu de te faire reconnaître, t'es-tu présenté pour subir les épreuves?

— Parce que, aux yeux des initiés inférieurs, je ne voulais pas révéler la haute caste à laquelle j'appartiens.

Floréal courba la tête.

— A boire, reprit le jeune homme en tendant son gobelet.

Le Vaudou se hâta d'obéir, le verre fut de nouveau rempli.

— Me soupçonnes-tu encore de trahison? lui demanda ironiquement Marcelin avant de porter le verre à ses lèvres.

— Pardonne-moi, frère, je ne te connaissais pas; ta position auprès de nos ennemis m'autorisait à avoir des doutes sur ta loyauté.

— Les esprits les plus fins ont leur faiblesse; cependant, mieux que personne, tu devais savoir que là où la force est impuissante, la ruse doit être employée.

— J'ai eu tort, j'en conviens; mais tout autre à

ma place, et ignorant comme je l'étais de la haute caste à laquelle tu appartiens, eût agi ainsi que je l'ai fait; cependant tu ne nieras pas que je t'aie donné une grande preuve de confiance en te conduisant ici.

— Peut-être, papa Vaudou. Qui sait dans quel but tu me conduisais dans ton fort, et ce qui serait arrivé plus tard si je ne m'étais pas fait connaître de toi?

— Tu ne serais pas probablement sorti vivant d'ici, répondit-il nettement.

— Merci de ta confiance, alors, dit-il en riant, et à présent?

— A présent, mes secrets seront les tiens, tu sauras tout.

— Tu as donc quelque chose à m'apprendre? dit nonchalamment le jeune homme.

— Oui, voilà pourquoi je t'ai conduit dans le fort. Du reste, pourquoi te le cacherais-je plus longtemps? mon intention, en t'amenant ici, était de te faire parler.

— En m'enivrant, dit le jeune homme en tendant son verre que l'autre remplit... Et lorsque j'aurais eu parlé?

— De te tuer à l'instant, frère, si j'avais surpris sur ton visage quelque trace d'hésitation ou seulement d'émotion, répondit froidement le roi des Vaudoux.

— Ecoute, reprit le jeune homme en vidant son verre, qu'il reposa à terre d'une main tremblante, car l'ivresse commençait à le dominer, car moi aussi j'ai quelque chose à t'apprendre, frère: tu t'es trop aussi pressé d'agir, ta vengeance n'est pas complète, elle n'a réussi qu'à moitié: des deux femmes que tu as frappées, une seule est morte.

— Laquelle? s'écria-t-il vivement.

— Marthe Colette, l'épouse de M. Duvauchelle, le planteur de Jeremie.

Floréal poussa un soupir de satisfaction, son regard lança un éclair fauve.

— Continue, dit-il en reprenant son masque sombre et impassible.

— Le poison enivrant que tu as versé à Lucien Dornès n'a pas agi aussi promptement que tu t'y attendais.

— Il a parlé?

— Non, reprit froidement Marcelin. Après sa chute dans l'étang, lorsqu'il en fut retiré par M. Colette, j'étais présent, c'est moi qui lui ai porté les premiers secours.

— Et?...

— Et il n'a pas repris connaissance, car, sous prétexte de lui porter secours, je lui ai frotté les narines avec du *lèche de palo*.

— Tu as fait cela, frère?

— Je l'ai fait.

— Merci, tu nous as sauvés : il avait surpris notre secret.

— Je le sais; mais ce secret est mort avec lui: toi seul le connais maintenant.

— Non, frère, non, pas moi seul; ce secret, je veux le partager avec toi, s'écria le roi des Vaudoux avec un accent de franchise dont on ne l'eût pas cru capable.

— Comme il te plaira, répondit le jeune homme

avec insouciance, je n'y tiens nullement, frère ; je sers la couleuvre ainsi que mon devoir m'y oblige et que mon cœur m'y engage, le reste ne me regarde pas.

— Frère, nous sommes les deux seuls *obis* de Haïti ; ce secret que je renferme dans mon cœur est lourd à porter, je le partagerai avec toi, il le faut, je le veux !

— Écoute encore, je n'ai pas terminé.

— Parle.

— M. Duvauchelle, mon maître, a juré de tirer de toi une éclatante vengeance.

Floréal sourit avec mépris.

— Je ne le crains pas, dit-il.

— Soit ; mais il a mis le président Geffrard dans ses intérêts.

— Le président Geffrard, tout puissant qu'il est ou qu'il croit être, aura bientôt assez de ses propres affaires, reprit le chef des Vaudoux avec un ricanement sinistre, pour ne pas songer à s'occuper de celles de ses amis les plus intimes.

— Je ne te comprends pas.

— C'est possible ; mais tu me comprendras bientôt. continue.

— Des soldats sont embusqués dans tous les villages, dans tous les hameaux ; ils cernent la forêt de l'Artibonite ; d'autres encore sont en marche pour se joindre à eux.

— Quel que soit le nombre de ces soldats, sache-le, frère, nous glisserons inaperçus à travers leurs rangs. Lorsque le Vaudou sifflera, le pouvoir des hommes de couleur sera réduit en poudre : le Vaudou peut tout. Je savais depuis hier déjà ce que tu me dis là.

— Et tes précautions sont prises?

— Toutes; les enfants de la couleuvre se tiennent sur leurs gardes. Quand l'heure sonnera, à un signal parti du piton de Curidas, les Vaudoux se lèveront en masse, surgiront tout à coup de tous les coins de l'île à la fois, et ils feront aux hommes de couleur ce que leurs pères ont fait jadis aux blancs d'Europe. Alors, ajouta-t-il avec un accent de fauve majesté qui glaça intérieurement Marcelin de terreur, alors il n'y aura plus de différences de castes ni de couleurs, Haïti sera libre et appartiendra définitivement aux noirs.

— C'est un beau rêve, dit le jeune homme en hochant la tête d'un air pensif; malheureusement le succès...

— Est infaillible! interrompit le Vaudou avec feu. Comprends-moi bien, frère, nos partisans enveloppent Geffrard. Sans qu'il puisse s'en douter, il est gardé à vue par eux dans sa capitale; non seulement les principaux officiers de l'armée, mais encore les hauts fonctionnaires civils sont gagnés à notre cause.

— Un secret connu de tant de personnes n'en est plus un, mon frère, prends garde!

— Tu aurais raison, frère, si cela était ainsi que tu le supposes; mais nos affiliés sont des bras qui frappent et non des têtes qui raisonnent; ils ne connaissent de la conspiration que la surface; tous ils se figurent qu'ils conspirent en faveur de l'empereur Soulouque.

— N'est-il donc pas, en effet, question de le rétablir sur son trône? Soulouque, pendant tout le temps de son règne, s'est toujours montré un fervent adepte de la couleuvre.

— Soulouque! Soulouque! est une bête féroce, un idiot sans énergie et sans valeur, s'écria Floréal avec une expression de mépris; il nous servira de drapeau, voilà tout.

— Soulouque a beaucoup d'amis cependant, frère.

— Il en avait quand il était puissant; mais aujourd'hui il est seul, et ce qu'il n'a pas osé faire pour le Vaudou, cette fois le Vaudou le fera pour lui-même; n'a-t-il pas un roi?

A cette hautaine révélation si nettement formulée, Marcelin regarda malgré lui Floréal Apollon avec une expression d'admiration à laquelle le nègre se trompa.

— Je comprends, dit le jeune homme, la couleuvre régnera.

Le roi des Vaudoux baissa la tête avec un sourire sinistre.

— Je le répète, reprit Marcelin, avec un lent hochement de tête, c'est un beau rêve; mais prends garde au réveil, il peut être terrible; dans les projets les mieux ourdis, souviens-toi, frère, qu'il y a toujours place pour le hasard.

— Le hasard?

— Oui, le hasard, cet agent aveugle de la fatalité qui fait échouer les combinaisons les mieux conçues. La prévoyance humaine, si grande qu'elle soit, a des limites qu'elle ne saurait dépasser; la trahison sait prendre toutes les apparences, toutes les formes, toutes les faces. Quand on conspire, l'ami dont on se croit le plus sûr est souvent celui qui est le plus disposé à vous trahir. Souviens-toi aussi, frère, de ce que les prêtres chrétiens enseignent : le Christ fut vendu par un de ses disciples les plus aimés.

Le Vaudou fronça les sourcils.

— Tranquillise-toi, frère, je n'ai pas de complices, dit-il d'une voix sombre, qui pourrait me trahir; seul je possède mon secret; seul, par conséquent j'en suis maître.

— S'il en est ainsi, je t'en félicite sincèrement. Crois-moi, frère, conserve précieusement ce secret redoutable dans ton cœur, dit Marcelin avec un accent d'insaisissable raillerie; quant à moi, je ne veux rien savoir.

— Cependant...

— Non, dit-il en se levant pesamment, je suis un soldat de la couleuvre, moi! je ne veux pas être autre chose. Le moment d'agir venu, tu me trouveras à ton côté, prêt à t'aider de tout mon pouvoir; jusque-là, je n'écouterai rien : seulement un dernier avis.

— Lequel?

— Tâche que l'heure de la délivrance des enfants de la couleuvre sonne bientôt. Geffrard possède d'habiles espions.

— A quel quantième du mois sommes-nous? demanda Floréal.

— Aujourd'hui?

— Oui.

— Pourquoi cette question? répondit le jeune homme avec étonnement.

— Réponds-moi, reprit le Vaudou avec insistance.

— Nous sommes le vingt décembre.

— Eh bien, frère, réjouis-toi, car le Vaudou aura une belle fête de Noël, je te le promets.

— Oui. Ne sais-tu pas que c'est la coutume.?
— Certes, je le sais.
— Eh bien, pourquoi cette question alors?
— Parce que, ainsi que c'est mon droit, je réclame mon privilège d'obi, la place de premier sacrificateur; ne t'ai-je pas dit que moi aussi je voulais me venger
— Ta vengeance est là, répondit Floréal Apollon, en désignant du doigt l'ajoupa d'un geste sinistre; la place que tu désires, tu l'auras, mais à deux conditions.
— Lesquelles?
— Tu te chargeras de remettre cette lettre, reprit-il en retirant un pli cacheté de sa ceinture, au colonel Brazier.
— Le premier aide de camp du président?
— Oui; je sais à qui la confier.
— Hum! je crains bien que tu me mettes une mauvaise affaire sur le dos.
— La lettre est écrite de façon à ne pas te compromettre.
Marcelin sembla hésiter.
— Tu refuses, toi un obi?
— Allons, puisque tu l'exiges, donne, s'écria-t-il en paraissant tout à coup prendre sa résolution; mais tu me promets que je ne cours aucun danger?
— Aucun, je te le jure.
— Et la seconde condition?
— Tu diras de ma part à Mlle Angèle Colette que je veux la voir ce soir.
— Quant à cela, sois tranquille, elle ne viendra pas
— Tu te trompes, frère, elle viendra, fit-il avec un sourire d'une expression étrange, elle se trouvera

accompagnée par toi seul dans la *gorge de la Pointe-Noire*, à dix heures précises.

— Tu es fou, elle ne consentira jamais à se livrer ainsi à ta merci.

— Elle ne courra aucun danger; je te le jure sur la couleuvre sacrée; mais je te le répète, frère, il faut qu'elle vienne; je veux lui parler; lorsqu'elle m'aura entendu, elle sera libre de retourner à sa plantation.

— Je ne me charge pas de la décider à cette démarche.

— Soit; mais cette demande tu la lui adresseras?
— Je te le jure.
— Merci.
— Cependant, je ne réponds de rien.
— Cela me regarde.
— Bon, je préfère cela. Que lui dirai-je?
— Tu lui diras...

Il sembla hésiter.

— Mais non, s'écria-t-il au bout d'un instant, il vaut mieux que je lui écrive. Attends-moi là.

— J'aime mieux cela, dit le jeune homme en ricanant. Ainsi je n'aurai plus aucune responsabilité.

Le Vaudou sans lui répondre, entra vivement dans l'ajoupa.

Marcelin s'assit à terre et se remit tranquillement à boire.

Au bout d'un quart d'heure Floréal reparut; il tenait une lettre à la main.

Le jeune homme se leva en trébuchant.

— J'aime mieux cela, répéta-t-il d'une voix pâteuse

comme s'il récitait une leçon; de cette façon je n'ai point de responsabilité.

Il prit la lettre et la cacha soigneusement dans sa ceinture.

— Tu tiendras ta parole? reprit-il.

— Je te le jure.

— Alors, papa Vaudou, un dernier verre de rhum, et adieu.

— Tu as assez bu, tu es ivre.

— Je le sais bien, répondit-il en riant; mais bah! un verre de plus ou de moins ne fera pas grand'chose va, dans l'état où je me trouve! d'ailleurs, le rhum est l'ami de l'homme, c'est connu cela! Verse, frère, et ne crains rien, la commission sera faite et bien faite, j'en réponds.

Floréal lui remplit son verre en haussant les épaules.

— Voilà les noirs, murmura-t-il en le regardant boire d'un air de dédain, avec du rhum et du tafia on en fait ce qu'on veut.

— Là, fit Marcelin en s'essuyant la bouche, maintenant en route.

— Suis-moi.

Le Vaudou passa derrière l'ajoupa et appuya la main sur un rocher; un bloc énorme se détacha et tourna sur des gonds invisibles.

— Hum! murmura Marcelin en regardant le chaos des rochers qui s'étendait à ses pieds, la descente n'est pas commode.

Il trébucha et s'appuya instinctivement contre la muraille de granit.

Floréal l'examina attentivement pendant une ou deux minutes.

— Tu es trop ivre, tu te romprais les os, dit-il; monte sur mon dos.

— Comment! tu veux?....

— Fais ce que je te dis, tu vois bien que tu te tiens à peine sur tes jambes.

— Puisque tu l'exiges...

Il monta sur les épaules du Vaudou; la descente était, en effet, des plus difficiles, surtout pour un homme ivre.

Malgré son adresse et sa force herculéenne, plusieurs fois Floréal Apollon trébucha; il fut plusieurs fois obligé de se retenir aux pointes des rocs pour ne pas rouler au fond du précipice immense, béant sous ses pieds.

Enfin, il atteignit la plaine.

— Descends, nous sommes en bas, dit-il.

Marcelin ne répondit pas; malgré tous les dangers de la descente, il s'était bel et bien endormi pendant le trajet.

Floréal le déposa au pied d'un arbre; le jeune homme poussa deux ou trois grognements inarticulés, mais il ne bougea pas.

— Il est plein comme un boucaut de sucre, dit le Vaudou. Ces enfants, cela ne sait pas boire! Bah! tant mieux, dans deux heures il ne se souviendra plus de rien : du diable si, quand il se réveillera, il lui sera possible de retrouver le chemin du piton.

Après avoir accommodé le jeune homme au pied d'un énorme fromager, la tête à l'ombre et les pieds au soleil, il remonta dans son aire; arrivé au sommet du morne, il regarda en bas.

Le jeune homme dormait toujours.

— Bon sommeil, dit en riant Floréal.

Il entra alors sur la plate-forme du piton et fit retomber le rocher, qui reprit aussitôt sa première place.

A peine le Vaudou eut-il disparu que Marcelin bondit sur ses jambes et, poussant un joyeux éclat de rire :

— Ces enfants, cela ne sait pas boire! dit-il. Sois tranquille, sois tranquille, démon, je connais ton repaire, maintenant.

Toute trace d'ivresse avait, comme par enchantement disparu de son visage.

Il s'enfonça d'un pas sûr dans la forêt, se dirigeant vers Léogane.

XVI

Le talisman.

La matinée était assez avancée, il était près de midi; un soleil éblouissant déversait à profusion ses rayons torrides sur la campagne pâmée de chaleur.

Marcelin, tout joyeux de ce qu'il avait fait, détalait à travers les halliers avec la rapidité d'un chevreuil pressé par les chasseurs.

Sans ralentir sa course, il s'orientait avec une admirable sagacité au milieu de ces fourrés inextricables, coupés à chaque instant par des sentiers qui se croisaient dans toutes les directions et faisaient de la forêt un labyrinthe où tout autre qu'un coureur de bois émérite se fût perdu au bout de cinq minutes.

Parfois il s'arrêtait, fouillait d'un regard anxieux les broussailles environnantes, prêtait l'oreille une ou deux minutes, puis il se prenait les côtes, renversait la tête en arrière et, selon la coutume des nègres lorsqu'ils sont contents, il se mettait à gambader comme un singe en poussant de bruyants éclats de rire.

Quoi qu'en disent les philosophes humanitaires européens, qui n'ont jamais quitté leur cabinet de travail et ne connaissent la race noire que sur des rapports plus ou moins véridiques publiés sur elle, les nègres n'ont jamais pris au sérieux leur émancipation.

Ce sont, en réalité, de grands enfants, sans force et sans prévoyance, ayant en germe dans leur cœur tous les vices et toutes les vertus de la race humaine, faciles au mal, presque inhabiles au bien, poussant tout à l'extrême et ignorant la première page de la vie sociale.

Il faudra bien des jours encore, bien du sang sera versé malheureusement, avant que ces enfants terribles deviennent des hommes honnêtes, laborieux et comprennent la famille, ce lien tout puissant des sociétés.

Lorsque Marceau s'en était donné à cœur joie et qu'il avait ri à en perdre la respiration, il repartait comme une flèche, pour recommencer le même manège quelques minutes plus tard.

Il avait raison d'être joyeux, le digne garçon: pendant plus de quinze heures son corps avait été pressé entre les griffes du tigre, et il était sorti de cette épreuve terrible non seulement sans une égratignure, mais encore en forçant la confiance du papa Vaudou, c'est-à-dire de l'homme réputé pour être le plus fin et le plus rusé de tous les noirs de Saint-Domingue: et cela après lui avoir tiré un à un du cœur, et comme en se jouant, ses secrets les plus cachés.

Ce qu'il y avait eu de plus admirable dans cette lutte de finesse entre les deux hommes, c'est que le Vaudou, sans y être ostensiblement contraint, avait été amené à faire les plus compromettantes révélations et à divulguer ses projets, tout en étant intimement convaincu dans son for intérieur que non seulement il n'avait rien dit, mais encore qu'il avait été d'une discrétion à toute épreuve.

Plusieurs motifs plus ou moins spécieux aux yeux de Floréal Apollon avaient concouru à produire ce résultat.

D'abord le jeune homme lui répétait sans cesse qu'il ne voulait rien savoir, et il avait eu ainsi le talent de l'arrêter entre chaque confidence par ses éternelles dénégations, de façon à lui persuader qu'il n'avait en effet rien dit.

De plus, le papa Vaudou avait poussé son convive à tellement boire du rhum, celui-ci avait joué l'ivresse avec un naturel si parfait, que le nègre, malgré toute son habileté, avait complètement été sa dupe.

En outre, et ceci était le motif le plus sérieux, le jeune homme lui avait montré, tatoué sur son bras, un mystérieux hiéroglyphe que seuls les adeptes placés sur les premiers degrés de la secte de la redoutable association des Vaudoux peuvent porter; signe qui leur sert de signe de reconnaissance et forcément établit aussitôt entre eux la plus entière confiance.

Dès ce moment, le jeune homme devenait un frère pour Floréal; tous deux étaient obis, par conséquent ils ne devaient plus avoir de secret l'un pour l'autre.

Mais comment Marcelin, qui détestait la secte des Vaudoux, avait horreur de leurs pratiques sanguinaires et s'était si généreusement dévoué pour amener leur perte et leur destruction, faisait-il partie de cette société qu'il abhorrait et avait-il sur le bras ce mystérieux tatouage?

Nous l'expliquerons en quelques mots, car, par une coïncidence providentielle, ce fut de cette reconnaissance inespérée qui plaça tout à coup le jeune homme au premier rang de la secte et en fit un personnage de la plus haute importance, que découlèrent plus tard les événements qui causèrent, sinon la destruction complète, du moins la perte des Vaudoux.

Disons tout d'abord que Marcelin lui-même, avant de s'en servir, ce qui semblera étrange et cependant est vrai, ignorait totalement la puissance du talisman qu'il possédait, et que ce ne fut que par hasard et en voyant croître la méfiance de Floréal Apollon, et par conséquent grandir dans des proportions énormes les dangers qui le menaçaient, qu'il fut, presque en désespoir de cause, amené à s'en servir, par une de ces inspirations qui traversent l'esprit des hommes résolus à l'instant du péril.

Voici par quel singulier hasard le jeune nègre avait été mis en possession de ce tout puissant talisman.

Marcelin était bien jeune, il avait quatre ou cinq ans à peine; lui et sa mère étaient encore esclaves du maître après la mort duquel M. Duvauchelle devait plus tard les acheter pour leur donner ensuite la liberté, ainsi que nous l'avons dit plus haut. Un jour, à Galveston, ville du Texas où résidait leur maître, la mère de Marcelin, en ouvrant la maison le matin, comme d'habitude, vit un vieux noir étendu sans mouvement sur le seuil de la porte.

Cet homme était évanoui; il semblait mourant et perdait son sang par trois blessures graves, une à la tête et deux à la poitrine.

La négresse, émue de pitié et n'écoutant que son cœur, releva le blessé, le chargea sur ses épaules, le rentra dans la maison, le transporta dans la misérable hutte qui lui servait de logement, et l'étendit sur le pauvre grabat de feuilles sèches et de peaux de mouton qui était le lit commun à elle et à son enfant.

Ce devoir accompli, elle lava les blessures du pauvre noir, le pansa du mieux qu'elle put, et ensuite elle alla rendre compte à son maître de ce qu'elle avait fait.

Celui-ci, nous l'avons dit, était un homme humain et généreux.

Au lieu d'adresser des reproches à son esclave, il la félicita, l'engagea à continuer sa bonne œuvre, fit appeler un médecin et se chargea de payer les médicaments.

Avant tout, cependant, il était important de savoir qui était cet homme, s'il était libre ou esclave, parce que, dans ce dernier cas, la loi exigeait, mort ou vivant, qu'il fût immédiatement transporté chez son maître.

L'état du blessé était fort grave; il ne pouvait parler et était, par conséquent, incapable de donner aucun renseignement sur sa position sociale; bon gré mal gré, il fallut attendre.

Quelques jours s'écoulèrent.

Grâce aux soins intelligents et assidus qui lui furent prodigués par la bonne négresse, le blessé fut bientôt hors de danger. Alors on l'interrogea.

Cet homme était libre, par conséquent maître de ses actions, et nul, si ce n'est Dieu — ce furent les propres expressions dont il se servit, — n'avait droit sur lui.

Lorsque le vieux nègre fut enfin complètement guéri de ses blessures, il demanda un entretien particulier au généreux Français qui l'avait si charitablement recueilli chez lui, entretien que celui-ci lui accorda aussitôt.

Les deux hommes demeurèrent enfermés pendant plusieurs heures ensemble; rien ne transpira au dehors de ce qui s'était dit entre eux; seulement, en sortant du cabinet du négociant français, le vieux nègre annonça que le lendemain, au lever du soleil, il quitterait non seulement la maison, mais encore le pays.

Le négociant français avait remis au nègre une petite somme d'argent pour pourvoir à ses premiers besoins, et ne voulant pas laisser sa bonne action incomplète, il avait retenu et payé son passage sur un navire américain qui le lendemain, au point du jour, devait mettre à la voile pour *Liberia*, république noire, fondée, ainsi que nous l'avons rapporté plus haut, par quelques négrophiles des Etats-Unis, sur la côte d'Afrique, à l'est du cap *Mesurado*.

Le nègre, comme bien on pense, fut accablé de questions par les esclaves; mais il se débarrassa tant bien que mal des fâcheux qui l'obsédaient, et après avoir prié la négresse de le suivre, il se retira avec elle dans sa hutte.

— Ecoutez, bonne femme, lui dit-il lorsqu'ils furent seuls avec Marcellin qui jouait insoucieusement dans un coin, c'est à vous que je dois non seulement la vie, mais encore le bien-être et la tranquillité dont je vais jouir jusqu'à ce que Dieu daigne me rappeler à lui.

— Je n'ai fait que ce que m'ordonnait la charité en vous secourant, dit la négresse.

— Vous êtes une bonne créature ; grâce à votre maître, je n'aurai plus rien à redouter dans l'avenir de mes ennemis, et mes derniers jours s'écouleront exempts de soucis.

La négresse prêta curieusement l'oreille ; elle s'attendait à quelque révélation, mais son espoir fut trompé ; le vieillard n'insista pas, il changea au contraire de sujet de conversation.

— Je pars demain, vous le savez, reprit-il après quelques secondes de réflexion, je ne voudrais pas vous quitter pour toujours sans vous laisser une preuve de ma reconnaissance ; mais hélas ! je suis bien pauvre.

— Que cela ne vous chagrine pas, mon oncle, répondit la négresse en se servant du terme d'amitié usité, entre les noirs, envers les vieillards ; j'ai agi selon mon cœur, je me trouve assez récompensée, puisque vous voilà guéri et heureux.

— Cependant, je voudrais vous laisser un souvenir de moi, reprit le vieillard qui poursuivait son idée.

— A quoi bon ?

— Il y aurait peut-être un moyen.

— Bah ! vous n'êtes pas riche, vous l'avez dit vous-même, mon oncle ; ne vous inquiétez pas de cela, gardez le peu que vous possédez, vous en aurez sans doute besoin là-bas dans le pays où vous allez.

— Il ne s'agit pas d'argent.

— De quoi s'agit-il donc ?

Le nègre réfléchit de nouveau pendant quelques instants.

Enfin, il reprit la parole, d'une voix basse et tremblante, après avoir jeté un regard inquiet autour de lui comme pour s'assurer qu'il était bien seul avec la négresse et que nul espion ne se trouvait aux écoutes.

— Vous avez entendu parler, n'est-ce pas, dit-il à voix basse en se rasseyant auprès de la vieille négresse et se penchant à son oreille, d'une secte mystérieuse qui existe parmi les noirs d'origine africaine, une secte toute puissante, qui rend ses arrêts dans l'ombre ; qui atteint ses ennemis partout ; qui possède des poisons foudroyants, et dont le nom seul remplit d'épouvante et glace de terreur les hommes les plus braves ?

— Les Vaudoux ! murmura la négresse en se signant.

— Oui, les Vaudoux ! reprit-il d'une voix plus basse encore : ces démons possèdent un pouvoir étrange. Nul ne saurait échapper à leurs coups. Eh bien, avant de me séparer de vous, je veux vous laisser un souvenir ineffaçable de ma reconnaissance. Je puis mettre non pas vous, mais votre fils pour toujours à l'abri de leurs criminelles tentatives, si quelque jour la fatalité les jetait sur sa route.

— Je ne vous comprends pas, mon oncle. Faites-vous donc partie de cette secte maudite ?

— Peu importe qui je suis, répondit-il d'une voix dure, avec un geste d'impatience ; j'ai contracté une dette envers vous, je vous propose de m'acquitter. Y consentez-vous ?

— Que prétendez-vous faire, répondit-elle évasivement, car malgré elle la pauvre femme avait peur.

Le vieillard releva une des manches de sa chemise, et montrant à la négresse un dessin bizarre tatoué sur son bras :

— Voyez, dit-il en posant le doigt sur le tatouage Votre fils est là, appelez-le, je lui imprimerai sur le bras un signe semblable à celui-ci.

— Et après? demanda-t-elle avec une curiosité inquiète.

— Comment après?

— Oui, à quoi cela lui servira-t-il?

— Ce dessin est un talisman qui le rendra invulnérable; si graves que soient les offenses que les Vaudoux aient à lui reprocher, la vue de cet hiéroglyphe suffira pour les faire renoncer pour toujours à leurs projets contre lui et pour enchaîner leur vengeance.

— Mais, reprit-elle au bout d'un instant, comment se fait-il que, vous qui portez ce signe, vous ayez été frappé et laissé pour mort sur le seuil de notre porte.

— Qui vous fait supposer que j'aie été assassiné par les Vaudoux? demanda-t-il avec une certaine hésitation, mais en la regardant avec une fixité étrange.

— Rien, mon oncle, répondit-elle timidement; mais il me semble que puisque ce talisman est si puissant, il aurait dû vous préserver de la haine de vos ennemis quels qu'ils fussent.

— Vous ne savez pas ce que vous dites, répondit le vieillard en haussant les épaules; oui ou non, acceptez-vous ma proposition? le temps me presse, répondez.

— Je ne sais que vous répondre, murmura-t-elle en hochant la tête d'un air de doute: je ne suis qu'une pauvre femme ignorante, tout cela me fait peur.

Tandis qu'ils causaient ainsi à demi-voix, l'enfant s'était peu à peu rapproché, et, depuis un instant, il regardait avec curiosité le dessin bizarre tatoué en rouge sur l'avant-bras du vieillard.

— Mon oncle, dit-il tout à coup d'une voix câline, maman est une méchante de te refuser. Tiens! voilà mon bras, fais-moi un beau dessin comme celui que tu as.

— Tu le veux, mon enfant?

— Oui, je le veux.

— Tu n'auras pas peur? reprit en souriant le vieillard; tu ne crieras pas? Je t'avertis que cela te fera beaucoup de mal.

L'enfant le regardant fixement avec un sourire joyeux:

— Je ne crierai pas; va, tu peux commencer, dit-il fièrement.

Le vieillard regarda la mère.

— Le doigt de Dieu est peut-être là, murmura-t-elle, que sa volonté soit faite!

L'opération dura près de deux heures.

Bien que la souffrance fût grande, que parfois les sourcils de l'enfant se fronçassent et que ses yeux se remplissent de larmes, il supporta la douleur avec un courage stoïque, et, ainsi qu'il l'avait promis, il ne jeta pas un cri, ne poussa pas un soupir.

Le tatouage terminé, le vieillard pansa le bras de l'enfant, et il l'embrassa sur le front.

— Tu seras un homme, lui dit-il.

Marcelin sourit avec orgueil, et après avoir lancé

un regard joyeux à sa mère, il se remit gaîment à jouer comme si rien d'extraordinaire ne s'était passé.

— Dans trois jours seulement vous enlèverez la bande que j'ai posée sur le tatouage, dit le vieux nègre à la mère; alors votre fils sera complètement guéri. Une dernière recommandation: ne manquez pas, lorsqu'il sera en âge de vous comprendre, de bien lui graver ce seul mot dans la mémoire : *obi;* il devra le prononcer si un jour il est contraint de montrer ce dessin à des chefs de la secte des Vaudoux. Vous vous souviendrez bien, n'est-ce pas, de ce mot: *obi?*

— Je me souviendrai, mon oncle; quoi qu'il arrive, merci pour le service que vous avez voulu nous rendre.

Le lendemain, le vieillard partit.

Depuis lors il ne reparut jamais et on n'en eut plus de nouvelles.

Bien des années se passèrent.

La négresse se conforma strictement à l'ordre qu'elle avait reçu en répétant à son fils, jusqu'à ce qu'il s'incrustât d'une manière ineffaçable dans sa mémoire le mot mystérieux qu'avant de la quitter lui avait dit le vieillard.

Marcelin, pendant son entrevue avec Floréal Apollon, dont il soupçonnait ou pour mieux dire dont il devinait les mauvais desseins à son égard, n'avait pas hésité à faire usage de son talisman, et nous sommes contraints de constater qu'il avait été étonné lui-même du changement qui s'était tout à coup opéré dans l'esprit du roi Vaudou, en entendant prononcer le mot magique et en apercevant le mystérieux stigmate au bras du jeune homme.

XVII

La grotte.

Nous laisserons, quant à présent, le jeune nègre, que nous ne tarderons pas à retrouver, continuer joyeusement sa route vers le Port-au-Prince, et nous reviendrons auprès de son maître, que depuis longtemps déjà nous avons sinon abandonné, du moins un peu négligé.

Une grande inquiétude régnait dans la grotte des Montagnes-Noires.

Il était près de six heures du soir, et Marcelin, parti depuis la veille au coucher du soleil, n'avait pas encore reparu.

Cette grotte, dans laquelle nous avons eu occasion déjà de conduire le lecteur, et qui servait de quartier général à M. Duvauchelle, renfermait en ce moment presque tous les principaux personnages de notre histoire.

Ainsi que cela avait été convenu, M. Colette et M. d'Antragues étaient venus vers trois heures de l'après-midi se joindre à leur ami, s'associant ainsi de tout cœur à sa haine et à ses projets de vengeance contre les mystérieux assassins de la malheureuse Marthe.

Angèle, déjà presque complètement guérie de sa blessure, mais trop faible encore pour sortir de son appartement, était seule demeurée à la plantation.

sous la garde du Français, hôte de la famille Colette, et de quelques vieux serviteurs de confiance bien armés.

D'ailleurs elle n'avait aucune attaque à redouter.

La plantation avait été mise à l'abri d'un coup de main, et une compagnie entière de soldats venus de Port-au-Prince, campée en rase campagne à deux portées de fusil au plus, veillait sur les abords de la propriété et lui formait une garnison dévouée.

M. Colette et son futur beau-frère se promettaient, du reste, de retourner aussitôt après le coucher du soleil à l'habitation, dont ils ne voulaient, sous aucun prétexte, demeurer éloignés pendant la nuit.

C'était en vain que, à l'aide d'une excellente longue-vue, M. Devauchelle avait, à plusieurs reprises, interrogé l'horizon dans toutes les directions; la campagne était déserte aussi loin que la vue pouvait s'étendre.

Cependant, le jour même il s'était passé un fait étrange qui avait donné beaucoup à réfléchir au maître du jeune homme, et qu'il n'était pas parvenu à comprendre clairement. Voici quel avait été ce fait :

Le matin, vers onze heures environ, M. Duvauchelle avait tout à coup vu surgir, au pied du morne de Curidas, un groupe composé de deux hommes, dont l'un portait l'autre sur ses épaules; dans le premier, bien que la distance fût grande, le planteur avait cru reconnaître Floréal Apollon et dans le second Marcelin lui-même.

Floréal avait déposé Marcelin à terre au pied d'un arbre, où celui-ci était demeuré inerte et immobile comme s'il eût été privé de vie; puis, après l'avoir considéré un instant, il s'était rapproché du morne et avait subitement disparu sans qu'il eût été possible à M. Duvauchelle de découvrir où et comment il s'était caché.

Quand au second, qu'il supposait être Marcelin, au bout d'un instant il l'avait vu bondir sur ses pieds et, après quelques secondes à peine, s'enfoncer en courant dans la forêt.

Depuis lors, c'était en vain que M. Duvauchelle avait interrogé la campagne, la route de Léogane, celle de Port-au-Prince; Marcelin ou l'homme que le planteur avait supposé être lui, était resté invisible.

— Je me serai trompé, murmura-t-il avec découragement en repoussant avec la paume de la main les tubes de la longue-vue, après avoir de nouveau longtemps exploré la campagne avec aussi peu de succès que les fois précédentes; non, ce n'est pas Marcelin que j'ai aperçu ce matin; le malheureux aura échoué dans sa généreuse tentative, et il sera tombé victime de ces misérables.

— Hum! il est cependant bien fin et bien adroit, fit observer M. Colette en hochant la tête d'un air de doute.

— Oui, vous avez raison; mais le pauvre enfant a affaire à forte partie; vous connaissez l'esprit rusé de Floréal Apollon, cet homme semble être né pour le mal.

— C'est vrai; ils lui auront fait comme à mon pauvre Lucien, reprit le planteur en étouffant un soupir.

— Etes-vous sûr de ce jeune homme, cher monsieur? demanda M. d'Antragues, qui jusqu'à ce moment ne s'était pas encore mêlé à la conversation.

7

— De quel homme parlez-vous, je vous prie, monsieur ?

— De celui auquel vous donnez, je crois, le nom de Marcelin.

— Je suis sûr de lui comme de moi-même, monsieur, s'écria M. Duvauchelle avec feu. Marcelin est un homme de cœur dans la plus complète acception du mot ; il m'est dévoué corps et âme, ainsi que sa mère, et il se ferait, sans hésiter, tuer pour moi.

— Voilà certes, dans votre bouche, un fort bel éloge de ce jeune homme, monsieur. Je ne connais aucunement votre serviteur, il ne m'est donc pas possible d'émettre une opinion positive à son sujet ; je me permettrai seulement de vous faire observer qu'il appartient à la race noire pure et sans mélange.

— Que signifie cela, monsieur ?

— Je vous répondrai par une autre question. Pensez-vous qu'un nègre puisse être réellement dévoué à un blanc, soit à un homme de couleur, métis ou mulâtre ?

— Cela ne fait pas l'ombre d'un doute, monsieur, et sans remonter aux temps néfastes de la guerre de l'indépendance, époques où des centaines de pauvres esclaves se sont sacrifiés au salut de leurs maîtres, dont cependant ils avaient pour la plupart eu fort à se plaindre, à présent même, tous les jours, en ce pays, nous avons des preuves indiscutables de la fidélité des noirs à tenir leurs engagements.

— Je l'admets comme exception à la règle, monsieur.

— Vous avez tort, permettez-moi de vous le faire observer, monsieur ; la race noire est mal connue et surtout jugée avec une partialité injuste par les blancs : c'est une race forte, puissante, intelligente surtout, quoi qu'on en dise, et qui porte en soi, croyez-le bien, tous les germes des bons sentiments.

— Les germes, reprit en souriant M. d'Antragues.

— Vous êtes Européen de la tête aux pieds, mon cher ami, dit M. Joseph Colette en intervenant dans la conversation; vous ne savez pas le premier mot de l'organisation intellectuelle de ces hommes que vous prétendez juger et auxquels, dans votre for intérieur, vous accordez à peine l'instinct de la brute; vous voyez toujours l'esclave sous le nègre.

— Cependant vous admettrez, je suppose, mon cher ami, que Floréal Apollo et les misérables qui lui ressemblent, qui, entre parenthèses, sont peut-être plus nombreux qu'on ne le suppose, ne sont en réalité que des espèces de bêtes féroces à face humaine.

— Certes je l'admets, et cependant je l'avoue, tout en les condamnant, je les plains; car est-ce le manque d'instruction qui en fait des animaux féroces: éclairez-les, instruisez-les, et alors vous aurez des hommes.

— Nierez-vous, reprit avec feu M. Duvauchelle, qu'en Europe, en France même, cette nation éclairée qui marche radieuse à la tête de toutes les autres; nierez-vous qu'il se rencontre à chaque pas des scélérats mille fois plus hideux et plus féroces que Floréal Apollon et ses fanatiques adhérents? Lisez les journaux qui arrivent d'Europe, et vous y trouverez à chaque colonne des récits de crimes mille fois plus horribles que ceux qui se commettent ici par fanatisme et ignorance, crimes qui là-bas sont sans excuse. Allez, monsieur, les noirs valent les blancs, s'ils ne valent pas davantage; et quant à mon pauvre Marcelin, s'il ne revient pas, c'est qu'il est mort! Marcelin est plutôt mon ami que mon serviteur, et, je vous le répète, j'ai foi en lui comme en moi-même.

— Merci mon maître, dit soudain une voix joyeuse derrière les trois interlocuteurs, qui tressaillirent et se retournèrent vivement vers l'entrée de la grotte.

Sur le seuil même, Marcelin se tenait immobile, calme et souriant.

— Te voilà! s'écria M. Duvauchelle en s'élançant vers lui. Enfin! Tu as bien tardé.

— Il m'a été impossible de venir plus tôt, maître; d'ailleurs cela n'aurait pas été prudent : bien qu'ils soient invisibles pour vous, il y a des milliers d'yeux ouverts dans la plaine.

— C'est vrai, tu as raison. Il ne t'est rien arrivé au moins?

— Rien du tout, comme vous le voyez, répondit-il en riant.

— Qu'est-ce que c'est que cette blessure? demanda avec inquiétude le planteur en apercevant le bras droit du jeune nègre enveloppé d'une bande d'écorce.

— Cela! reprit-il en haussant les épaules, moins que rien, la suite des épreuves que j'ai subies cette nuit, lors de mon initiation; c'est déjà complètement cicatrisé.

— Tu ne souffres pas au moins? lui dit son maître avec une amicale sollicitude.

— Pas du tout.

— Ah çà! tu dois être fatigué, avoir faim ou soif? D'où viens-tu?

— J'arrive de Port-au-Prince.

— Comment as-tu donc fait? Je ne t'ai pas aperçu.

— Les coureurs de bois ont des routes particulières, répondit-il en souriant, que vous ne pouvez découvrir avec votre lorgnette, si bonne qu'elle soit; je ne suis pas fatigué, je me suis reposé en route; d'ailleurs je n'ai pas terminé mes affaires, j'ai encore à marcher cette nuit.

— Est-ce que tu vas me quitter ce soir?

— Il le faut, maître: je partirai avec ces messieurs et, s'ils le permettent, je les accompagnerai jusqu'à l'habitation.

— Bon! mais tu resteras bien une heure ici et tu mangeras un morceau sur le pouce, car tu dois mourir de faim.

— Le fait est que je n'ai rien pris depuis mon déjeuner avec Floréal.

— Tu as déjeuné avec Floréal? s'écrièrent les trois hommes au comble de la surprise.

— J'ai fait bien d'autres choses encore avec lui, reprit-il avec un fin sourire; nous sommes au mieux, il me nomme son frère!

— Son frère!

— Oui, oui, messieurs, et de plus, apprenez que j'ai pénétré dans le fort des Vaudoux, cette retraite inexpugnable jusqu'à présent! Eh bien! j'en connais la route, et avant peu, je l'espère, je vous y conduirai.

— Explique-toi, s'écria M. Duvauchelle avec un tressaillement de joie.

— Il n'est pas encore temps de parler, monsieur, répondit-il d'une voix basse, mais ferme et avec un accent mystérieux qui donna fort à réfléchir aux assistants; laissez-moi, je vous en prie, conduire cette affaire à ma guise; les conseils que vous me donneriez, si vous connaissiez mes projets, peut-être très bons en eux-mêmes, en me faisant douter de moi, m'enlèveraient, j'en suis certain, toute ma liberté d'action et me mettraient ainsi dans l'impossibilité de vous servir aussi utilement que je le veux faire.

— Cependant, mon ami, fit doucement observer M. Colette, il me semble que nos conseils, dans une affaire aussi sérieuse que celle-ci et qui surtout nous touche d'aussi près, ne pourraient que t'être fort utiles.

— Je vous réponds du succès sur ma tête, répondit Marcelin avec feu. Que voulez-vous de plus, messieurs?

— Laissez ce jeune homme conduire cette affaire à sa guise, messieurs, dit le créole en posant amicalement la main sur l'épaule du jeune noir; la loyauté rayonne sur son visage.

— Ah! vous avez changé d'opinion sur mon compte, monsieur d'Antragues, répondit gaiement Marcelin, je vous en remercie; eh bien, soyez tranquille, monsieur, je vous promets que je ne vous ferai pas mentir.

— Agis donc comme tu l'entendras, reprit M. Duvauchelle avec un soupir étouffé.

— Patience, mon cher maître, je ne vous demande que quelques jours, et je vous garantis le succès; est-ce convenu?

— Il le faut bien.

— Maintenant que nous voilà d'accord, mon cher maître, j'ai une bonne nouvelle à vous annoncer.

— Ma fille! s'écria le planteur en joignant les mains.

— Je l'ai vue; elle rit, elle joue, elle chante, elle est gaie; enfin et surtout bien traitée par ses ravisseurs; quant à présent, elle n'a rien à redouter d'eux.

— Tu me le jures?

— Sur Dieu, dont le nom ne doit jamais être pris en vain, répondit-il en se signant. Je l'ai embrassée, et comme preuve de ce que je vous dis, tenez, mon cher maître: je lui ai enlevé ceci en la serrant dans mes bras.

Il retira alors un léger collier de perles de sa ceinture et le présenta à son maître; celui-ci s'en empara, le porta vivement à ses lèvres et fondit en larmes.

— Mon enfant! mon enfant! s'écria-t-il avec des sanglots.

— Courage, mon bon et cher maître, dit le jeune homme ému par cette douleur si simple et si vraie; je vous rendrai votre fille; ne vous l'ai-je pas promis?

M. Duvauchelle le regarda les yeux pleins de larmes.

— Elle seule me reste! murmura-t-il d'une voix brisée.

Et se cachant sa tête dans ses mains, il continua à sangloter tout bas.

Cependant le soleil baissait rapidement à l'horizon. Dans ces régions intertropicales, où le crépuscule n'existe pas, la nuit remplace le jour sans transition.

L'ombre commençait à s'épaissir dans la grotte; déjà le planteur ouvrait la bouche pour donner l'ordre à un domestique d'allumer les torches, lorsque tout à coup Marcelin, qui depuis quelques instants semblait inquiet, lui recommanda le silence d'un geste énergique.

Chacun demeura immobile.

Le jeune noir, le corps penché en avant, les bras écartés comme pour contenir les assistants, le cou tendu, la bouche entr'ouverte, le regard fixé dans l'espace, paraissait écouter un bruit perceptible pour lui seul.

Tous ces hommes, les regards dirigés vers le nègre, la main crispée fiévreusement sur leurs armes, semblaient avoir été subitement changés en statues de bronze.

Un silence de mort régnait dans la caverne.

Au bout d'un instant, un léger grincement se fit entendre au dehors, et une pierre détachée de la rampe escarpée des rochers roula avec fracas dans le précipice.

Un sourire ironique éclaira le visage sombre de Marcelin; il fit une nouvelle recommandation muette aux assistants, dégaina son couteau qu'il plaça entre ses dents, puis il se coucha sur le sol, sortit de la grotte en rampant comme un serpent et disparut.

Quelques minutes s'écoulèrent.

Tous ces hommes, si braves cependant, étaient en proie à une anxiété terrible; on aurait entendu les battements précipités de leur cœur dans leur poitrine, tant leur imobilité était complète, leur silence profond.

Tout à coup un cri d'agonie horrible retentit avec une expression sinistre au dehors, une ombre passa avec la rapidité de la foudre devant l'entrée de la grotte, un corps se brisa avec un son mat sur l'angle de la plate-forme et de là rebondit dans le précipice où il s'engloutit.

Tout le monde s'élança.

— Arrêtez! dit froidement Marcelin en reparaissant calme et souriant dans la grotte, tout est fini. En me rendant ici, j'avais cru apercevoir des empreintes suspectes; je ne m'étais pas trompé, un espion avait découvert votre retraite: cet espion est mort.

— Mais il n'était pas seul peut-être? s'écria le planteur.

— Il était seul, j'en suis sûr. Seulement, pour éviter qu'à l'avenir ce fait se représente, il est important que vos dispositions soient mieux prises, monsieur; ne laissez pas de sentinelles au dehors; ces sentinelles non seulement vous sont inutiles, mais encore elles peuvent être aperçues par vos ennemis.

L'avis était bon, M. Duvauchelle n'hésita pas à le suivre.

Par son ordre, les sentinelles furent aussitôt rappelées, l'entrée de la grotte fut hermétiquement fermée avec une claie en bambous recouverte par une couverture de cheval, et par surcroît de précaution on n'alluma les torches que dans une salle éloignée qui se trouvait au bout d'une galerie transversale de la caverne.

Ces préparatifs terminés, une table fut dressée, et les serviteurs apportèrent le repas du soir, entièrement composé de viandes froides et de fruits secs.

Le jeune homme, malgré les observations qu'on lui

fit gracieusement, s'assit sur le sol, un peu en arrière de son maître, qui semblait prendre plaisir à lui faire passer les meilleurs morceaux.

Le dîner ou plutôt le souper, car il était environ sept heures et demie du soir, ne dura tout au plus qu'une vingtaine de minutes.

Lorsqu'il fût terminé, Marcelin se leva.

— Partez-vous, messieurs? demanda-t-il au planteur et à M. d'Antragues.

— Est-ce que tu comptes déjà t'en aller? dit M. Duvauchelle.

— Oui; j'ai beaucoup à faire cette nuit, le temps me presse. Votre intention est-elle de demeurer ici?

— Certes.

— Maintenant, monsieur, que j'ai découvert le repaire des bandits, je crois que ce n'est guère nécessaire.

— Qui sait s'ils n'essayeront pas quelque expédition de nuit?

— C'est possible, au fait; peut-être vaut-il mieux les surveiller. Ecoutez, maître, lorsque vous inspecterez la plaine, dirigez toujours votre longue-vue dans la direction de la morne de Curidas, et surtout veillez avec soin à tout ce qui se passera de ce côté; car c'est de là que viendra le danger, s'il doit venir.

— Le repaire des Vaudoux se trouve donc dans cette région?

— Aux environs, oui, maître, répondit-il avec un accent ironique dont lui seul saisissait la véritable expression. Quand vous voudrez partir, je suis à vos ordres, messieurs, ajouta-t-il en s'adressant avec un salut à M. Joseph Colette et à M. d'Antragues.

— Nous voici, mon ami, nous sommes prêts, répondirent-ils.

Ils serrèrent affectueusement la main de M. Duvauchelle et quittèrent la grotte, suivis par Marcelin.

Quelques minutes plus tard, guidés par Marcelin, qui leur fit prendre un chemin dans la montagne plus court que celui qu'ils suivaient ordinairement, ils se trouvaient en pleine campagne; ils ne tardèrent pas à atteindre un ajoupa situé sur la route de Léogane, et dont ils connaissaient le propriétaire, qui était depuis longtemps dévoué à la famille Colette.

Des domestiques attendaient devant l'ajoupa avec plusieurs chevaux tout harnachés qu'ils tenaient en bride.

Les trois hommes se mirent en selle et prirent au grand trot le chemin de la plantation, en ordonnant à leurs serviteurs de les suivre à pied le fusil sur l'épaule en cas d'attaque.

XVIII

Le change.

Nous reviendrons maintenant sur nos pas, afin d'expliquer au lecteur ce que Marcelin avait fait depuis le moment où il avait été transporté ivre et endormi en apparence par Floréal Apollon, au pied du piton de Curidas, et couché au pied d'un arbre, jusqu'à celui où il était entré, vers le coucher du soleil, dans la grotte des Montagnes-Noires, qui servait pour ainsi dire de quartier général à M. Duvauchelle.

Nous avons laissé le jeune homme courant comme un daim effarouché à travers la forêt de l'Artibonite.

Cependant, malgré la joie, bien naturelle du reste, qu'il éprouvait de s'être si habilement sorti des mains du roi des Vaudoux, Marcelin ne laissait pas que d'être inquiet et même beaucoup, des deux missions si différentes qu'il avait reçues; et bien qu'il se creusât la cervelle à se faire sauter le crâne, malgré toute la finesse dont la nature l'avait si richement désespérait de trouver un expédient assez adroit pour l'aider à sortir d'embarras, ne pas le compromettre auprès de ses nouveaux frères et sur toutes choses, servir utilement ceux auxquels il était dévoué.

Il avait parcouru toujours courant la plus grande partie de la forêt.

Déjà, à travers les troncs d'arbres de plus en

plus espacés, il apercevait, à une courte distance, la route de Léogane, lorsqu'il s'entendit subitement interpeller en patois créole par une personne invisible.

— *Où qu'à couri con ça, ché?* — Où courez-vous comme cela, cher ami, lui criait cette personne en patois créole.

Le jeune homme tressaillit, poussa un cri de joie et s'arrêta net, il avait reconnu la voix de sa mère.

C'était elle en effet.

La vieille négresse, connaissant par expérience, beaucoup mieux que le jeune homme lui-même, tous les risques auxquels son fils était exposé, n'avait pu résister à son inquiétude maternelle; sans faire part de son projet à personne, elle avait quitté secrètement la plantation de Jérémie, sur laquelle elle résidait et s'était aventurée jusque dans la forêt de l'Artibonite, dans l'espoir d'obtenir des nouvelles de son fils et peut-être de le rencontrer.

Elle s'approcha vivement du jeune homme toujours immobile, éclata de rire, le serra dans ses bras à l'étouffer et l'embrassa à plusieurs reprises; mais s'apercevant enfin de l'air effaré du jeune homme:

— *Pauvre de moi!* s'écria-t-elle en joignant les mains et recommençant à rire et gambader tout de nouveau, *y teni cai trop piopio mugué ça, y qu'a semblé planté bananes.* Pauvre de moi! il a l'air trop bête, malgré cela; il ressemble à un planteur de bananes! Et elle rit plus fort.

Nous nous bornerons à ces deux citations du langage créole; elles suffisent à notre avis pour faire juger au lecteur jusqu'à quel degré infime peut descendre une langue aussi belle et aussi correcte que la nôtre dans la bouche des nègres et des hommes de couleur, et nous continuerons à faire parler le français à nos personnages, ce qui sera beaucoup plus commode pour le lecteur et surtout plus compréhensible.

Marcelin se sentit complètement rassuré par la joie que témoignait sa mère.

A sa prière, il s'assit sur l'herbe auprès d'elle, s'assura par un regard circulaire que personne ne pouvait l'entendre, et il lui raconta dans les plus grands détails ce qui était arrivé depuis la veille.

La vieille négresse l'écouta avec la plus sérieuse attention sans l'interrompre une seule fois, se contentant de hocher de temps en temps la tête d'un air pensif; puis, lorsqu'il eut enfin terminé son récit et bu pour se rafraîchir, une bonne gorgée de tafia, dans la gourde qu'elle avait apportée à son intention :

— Et maintenant, lui demanda-t-elle, que comptes-tu faire?

— Dame, je ne sais pas encore, mère; la situation est critique; et il ajouta avec un fin sourire: Je crains bien d'être trop bête pour parvenir à m'en sortir tout seul.

— A savoir, reprit-elle, à savoir, petit; il ne faut pas te décourager; d'ailleurs les honnêtes gens ne doivent connaître qu'un chemin, celui qui va directement au but : tous les autres sont mauvais. Et puis, souviens-toi du proverbe créole: *Couleve qui vie vive, li pas promener nen gan chimin;* — le serpent qui ne veut pas être écrasé ne doit pas se promener sur la grande route. Tu comprends, n'est-ce pas ?

La brave femme, très sensée du reste, avait la malheureuse manie des proverbes, et comme Sancho Pença, le célèbre écuyer du chevalier de la triste figure, le plus souvent elle les plaçait un peu à l'aventure et comme ils lui venaient à la bouche sans s'occuper le moins du monde s'ils avaient rapport au sujet qu'elle traitait.

Le fait est que Marcelin ne comprenait pas du tout ; il ne se gêna pas pour le dire nettement à sa mère. La vieille négresse sourit :

— Marcelin, fit-elle en hochant la tête, *nan tout' grandz'affaires, faut dit : homme!* — Dans toute grosse affaire, il faut dire hum! reprit-elle; la question est ardue et difficile, elle demande réflexion; on ne peut pas à la fois servir Dieu et le diable! *Chien gagné quate pattes, mais li pas capable prend quate chemins.* — Le chien a quatre pattes, mais il n'est pas capable de prendre quatre chemins à la fois. Tu entends ce que je veux dire; il faut non seulement être brave et honnête, il s'agit encore d'être adroit. Ta situation, je ne te le cache pas, me paraît être excessivement délicate.

— Je le sais bien, mère; aussi c'est ce qui m'inquiète.

— Bah! tu as tort, tu en sortiras.

— Dieu le veuille, mère, bien que cela me semble difficile.

— Veux-tu suivre un bon conseil?

— Je ne demande pas mieux, mère

— Ecoute ce que je vais te dire.

— Bon, parlez.

— Voici ce qu'il faut faire.

— Allez, je vous écoute.

— Mais d'abord où allais-tu lorsque tu m'as rencontrée ?

— Ma foi, je ne sais pas, j'errais un peu à l'aventure.

— Il est bien heureux que je me sois trouvée sur ton chemin alors.

— Oui, c'est bien heureux.

— Bon, sans t'arrêter un instant, tu vas, le plus vite possible, par des sentiers détournés, de façon à n'être vu de personne, tu m'entends, te rendre à Port-au-Prince, entrer dans la maison nationale et pénétrer, coûte que coûte, jusqu'auprès du président de la République.

— Le général Geffrard ? s'écria le jeune homme avec une surprise qui n'était pas exempte d'un certain effroi instinctif.

Les nègres, et même les hommes de couleur, à quelque classe qu'ils appartiennent, ont une terreur innée pour tout ce qui représente à leurs yeux l'autorité ; ce sentiment, qu'ils ne s'expliquent pas, prend sans doute sa source dans les vexations sans nombre que cette autorité leur faisait souffrir au temps de l'esclavage.

— Lui-même, reprit-elle sans paraître remarquer le mouvement de répulsion de son fils. Le président est bon, il veut le bien du pays, il est accessible au pauvre comme au riche ; tu demanderas à lui parler on te laissera facilement pénétrer auprès de lui ; alors tu lui conteras franchement et sans rien lui cacher comme tu viens de le faire à moi.

— Je n'oserai jamais, ma mère! pour cela non je vous le jure!

— Il faut oser, te dis-je. *To ci papillon, li ci chandelle.* — Tu es le papillon, il est la chandelle. — Ne va pas bêtement te brûler à sa flamme; s'il apprenait par un autre, et il l'apprendra, sois-en sûr, s'il ne le sait déjà, ce qui se complote contre lui, tu serais perdu; tu passerais pour être de la conspiration. Souviens-toi que tu n'est qu'un pauvre nègre.

— C'est vrai, ma mère; puisqu'il le faut, je ferai ce que vous dites; mais je vous avoue que bien des choses m'embarrassent encore dans cette diable d'affaire.

— Lesquelles? Voyons.

— D'abord la lettre que j'ai l'ordre de donner au colonel Brasier, l'aide de camp du président de la République.

— Cette lettre? Eh bien, tu la remettras au président lui-même.

— Ainsi ferai-je, puisque vous l'exigez.

— Il le faut; car le contenu de cette lettre prouvera clairement ton innocence et ton désir de servir ton pays.

— Oui, je comprends cela; mais comment ferai-je ensuite avec le roi Vaudou, quand il me demandera la réponse du colonel?

— Ne t'inquiète pas de cela quant à présent; Dieu y pourvoira, mon fils; souviens-toi qu'il n'abandonne jamais les honnêtes gens qui font bravement leur devoir. As-tu quelque autre observation à me faire?

— Oui, ma mère.
— Parle.
— Floréal Apollon m'a chargé d'une commission auprès de la demoiselle.
— De quelle demoiselle parles-tu?
— De qui parlerais-je, ma mère, si ce n'est de Mlle Angèle Colette.
— Eh bien?
— Que faut-il faire?
— Le président te le dira.
— Je dois donc lui rapporter cela aussi?
— Je t'ai dit qu'il fallait tout dire absolument. Je me charge, moi, de prévenir notre maître, si cela est nécessaire, sois tranquille.
— Vous savez donc où il est en ce moment, notre maître?
— Est-ce qu'il a des secrets pour moi?
— C'est juste, je suis fou.
— Est-ce tout?
— C'est tout, oui, ma mère, répondit-il avec un soupir étouffé.
— Pars alors, tu n'as que tout juste le temps de te rendre à Port-au-Prince; pendant que tu seras absent, je verrai à prévenir notre maître. Tu me retrouveras d'ailleurs sur le chemin des Montagnes-Noires, je rôderai par là jusqu'à ton retour. Adieu, et bonne chance.
— Adieu, ma mère, répondit tristement Marcelin.
Dans son ignorance du monde, le péril auquel il allait être exposé semblait bien autrement terrible au pauvre jeune homme que celui qu'il avait si bravement conjuré dans son initiation avec les Vaudoux.

Il embrassa sa mère comme s'il ne devait plus jamais la revoir, étouffa un dernier soupir et s'élança en courant à corps perdu dans la direction de Port-au-Prince, sans hésiter et sans même retourner la tête en arrière.

Sa résolution était prise; dans sa pensée, il se croyait perdu réellement et il avait fait le sacrifice de sa vie.

Les nègres, nous le répétons pour bien faire apprécier le sacrifice de Marcelin, ont une terreur instinctive pour tout ce qui est au-dessus d'eux, terreur qu'ils tiennent de l'état de sujétion dans lequel ils sont demeurés si longtemps. La vue seule d'un officier ou d'un magistrat quelconque suffit pour glacer dans ses veines le sang du plus brave d'entre eux.

La vieille négresse suivit longtemps son fils du regard à travers les méandres sans nombre de la forêt.

— Brave cœur! murmura-t-elle.

Quand il eut enfin disparu au milieu des fourrés, elle reprit pensive, la tête basse et à petits pas, la route de Léogane.

Lorsqu'elle fut partie à son tour, les branches d'un épais buisson de lentisques, placé à quelques pas de l'endroit où la mère et le fils avaient si longtemps causé, s'écartèrent doucement, et avec précaution une tête parut, puis un corps, puis enfin un individu tout entier, qui s'élança ou plutôt bondit comme une bête fauve au milieu du sentier, en lançant autour de lui des regards farouches et investigateurs.

Cet individu était le vieux Congo Pellé, l'espion des Vaudoux.

— Que pouvaient-ils se dire là pendant si longtemps? murmura-t-il à voix basse; malheureusement, ajouta-t-il d'un air dépité, j'étais placé trop loin pour les entendre; mais je me méfie de cette vieille folle, depuis longtemps je la surveille; elle a sans doute cherché à endoctriner son fils. Nous trahirait-il? Si je le pensais!...

Au même instant une main se posa lourdement sur son épaule.

Il se retourna sans qu'un seul de ses nerfs tressaillit.

Floréal Apollon était devant lui.

— Que fais-tu là? demanda le roi Vaudou en lui lançant un regard soupçonneux.

— Je guette, répondit-il sèchement.

— Qui ou quoi guettes-tu?

— Marcelin et sa mère ont causé à voix basse pendant plus d'une heure dans l'endroit où nous sommes.

— Ah! et que disaient-ils?

— Il m'a été impossible de les entendre; ils parlaient oreille contre oreille.

— Tu es un imbécile.

— Peut-être: j'ai cependant compris un mot, un seul, roi Vaudou; mais ce mot est je crois important.

— Lequel?

— Celui-ci: Marcelin a prononcé le nom du Port-au-Prince, et sa mère lui a répondu: bonne chance.

— C'est tout?

— Ce que j'ai entendu, oui.

Floréal Apollon éclata de rire.

— Alors je te répète que tu es un imbécile, reprit-il.

— C'est possible, mais pourquoi?

— Parce que c'est par mon ordre que Marcelin va à Port-au-Prince.

— Ah !

— Oui, te dis-je; d'ailleurs, écoute bien ceci, frère Marcelin ne saurait être un traître ; il porte sur le bras le signe sacré de nos principaux chefs, le *Purrah*.

Congo Pellé hocha la tête.

— Tu doutes de ma parole ? lui dit Floréal.

— Non ; mais à ton tour écoute bien ceci : roi Vaudou, ta confiance en cet homme te perdra et nous avec toi.

— Tu es fou.

— Je suis un sage ; un mot encore : laisse-moi le suivre.

— A quoi bon ?

— Je t'en prie.

— Soit; mais je te le dis d'avance, cela n'aboutira à rien.

— Nous verrons, répondit Congo Pellé.

Et il s'élança sur les traces du jeune homme, tandis que Floréal Apollon s'enfonçait au contraire dans la forêt.

Mais pendant cette courte conversation entre les deux Vaudoux, Marcelin, toujours courant, avait pris une grande avance sur Congo Pellé, et il était peu probable que celui-ci, malgré le ferme désir qu'il en avait, réussît à le joindre avant son arrivée à la ville.

XIX

Marcelin à l'œuvre.

Un homme revêtu d'un magnifique uniforme de général, la tête couverte d'un foulard de l'Inde, et son chapeau à cornes tout empanaché de plumes blanches placé avec ses gants de peau de daim sur un fauteuil auprès de lui, était assis devant un bureau-ministre en acajou massif, encombré de livres et de papiers, et écrivait dans un salon très confortablement meublé, mais tout à fait disparate, entassé sans goût et pour ainsi dire jeté çà et là pêle-mêle et en désordre.

Ce salon était le cabinet particulier du président de la république haïtienne, à la maison nationale de Port-au-Prince.

L'homme assis et écrivant était le président général Geffrard en personne.

Geffrard est aujourd'hui un homme d'*environ* cinquante-cinq à soixante ans. Qu'on ne s'étonne pas de ce mot environ que nous avons souligné avec intention; il y a très peu d'Haïtiens qui sachent exactement leur âge.

Les actes de naissance sont pour les noirs comme pour les Indiens Peaux-Rouges des grandes savanes américaines, une invention de luxe moderne.

Maintenant, à quelle race appartient le général Geffrard?

Ceci est un second problème au moins tout aussi difficile à résoudre que le premier.

M. Paul d'Horbois, notre habile confrère, à qui nous empruntons ces détails sur le président haïtien qu'il a eu l'honneur de voir plusieurs fois pendant son séjour à Saint-Domingue, considère la question comme fort difficile à élucider.

Voici comment il s'exprime:

« Les flatteurs du président, et il y en a beaucoup, prétendent qu'il est mulâtre; mais c'est, je dois le dire, une pure courtoisie de leur part.

« Il est impossible de voir un plus beau jais que celui de sa peau et une laine plus épaisse que celle qui couvre sa tête, et, dans le temps où le noir était la couleur aristocratique à Haïti, Geffrard passait pour un des purs rejetons de la race africaine.

« Les traits du président se prêtent, du reste, aux interprétations les plus diverses. Si ses lèvres évasées accusent un sang issu de race chamite, son nez à courbe aquiline et la vivacité de son regard permettraient de lui chercher une origine commune avec les fils d'Isaac et d'Ismaël. »

Nous terminerons cette courte esquisse d'un portrait si difficile à rendre ressemblant, en ajoutant que le président est non seulement un homme instruit, intelligent, d'un caractère doux et bienveillant, mais qu'il veut fermement le bien de son pays et travaille courageusement, et sans se laisser arrêter par les obstacles sans cesse renaissants sous ses pas, à l'accomplissement de la lourde tâche qu'il s'est imposée.

Le président, courbé sur son bureau, les sourcils

froncée sous l'effort de la pensée, écrivait avec une rapidité extrême, relisant à voix basse et raturant soigneusement le travail qui semblait absorber toutes ses facultés; parfois il s'arrêtait, relevait la tête, demeurait la plume en l'air pendant une ou deux minutes, puis son œil s'animait tout à coup et il reprenait sa besogne avec une nouvelle ardeur; enfin il jeta sa plume sur le bureau, poussa un soupir de soulagement, recula son fauteuil, se leva, et se mit à marcher à grands pas de long en large dans le cabinet, en relisant à voix basse ce qu'il venait d'écrire et en éventant son visage ruisselant de sueur avec un fin mouchoir de batiste brodé à son chiffre.

Trois heures sonnèrent à une pendule de marbre blanc placée sur le bureau même en face du fauteuil du général.

— Déjà! murmura le président en jetant un regard de satisfaction sur les nombreux feuillets, couverts d'une écriture fine et serrée, qu'il replaça soigneusement sur le bureau; je n'ai point perdu de temps; tout est terminé.

Il sonna.

La porte s'ouvrit.

Un domestique noir parut et demeura respectueusement immobile sur le seuil de la porte dont il tenait la portière de brocart soulevée.

— Quels sont aujourd'hui les aides de camp de service, demanda le président sans même se retourner?

— Les colonels Brazier, Petit-Joyeux et Daudin, Excellence.

— Appelez le colonel Brazier.

Le domestique ne bougea pas et garda le silence.

Au bout de deux ou trois minutes, le président se retourna.

— Que faites-vous là? demanda-t-il avec surprise en apercevant le domestique, qu'il croyait sorti.

— J'attends, Excellence.

— Ne m'avez-vous pas entendu?

— Pardonnez-moi, Excellence, j'ai parfaitement entendu.

— Alors pourquoi n'avez-vous pas exécuté l'ordre que je vous ai donné?

— Excellence, le colonel Brazier est parti de la maison nationale à midi et demi environ et il n'est pas encore rentré.

Le président haussa imperceptiblement les épaules.

— Alors appelez le colonel Petit-Joyeux.

Le domestique s'inclina et sortit.

Presque aussitôt le colonel parut.

— Mon cher colonel, lui dit le président en faisant quelques pas à sa rencontre, prenez, je vous prie, ces décrets que vous voyez là sur le bureau et soyez assez bon pour les porter immédiatement à l'imprimerie.

— Oui, général, répondit le colonel en ramassant et roulant les papiers.

— Il est important qu'ils soient aujourd'hui même affichés dans la ville, vous m'entendez, n'est-ce pas, colonel?

— Je surveillerai moi-même l'exécution de cet ordre, général.

— C'est cela, mon cher colonel; ces décrets traitent de certaines mesures d'intérêt local qu'il est nécessaire que les habitants connaissent le plus tôt possible.

— Vous serez satisfait, général.

— Merci, colonel. Allez; je compte sur votre exactitude.

A peine eut-il quitté le cabinet que la porte s'ouvrit et le domestique entra.

— Que voulez-vous, Pierret? demanda le président.

— Excellence, répondit le noir d'un air de protection, il y a là dans l'antichambre un pauvre diable de nègre qui, quoi que j'aie pu lui dire, insiste pour vous parler.

Le sieur Pierret se croyait, de la meilleur foi du monde, homme de couleur.

— Connaissez-vous ce nègre?

— Un peu, Excellence; c'est un nommé Marcelin: il est au service de M. Duvauchelle, le riche planteur de Jérémie, dont il prétend être le domestique de confiance; ce nègre passe, du reste, pour un assez bon sujet et il semble être très dévoué à son maître.

— Ah! fit le général avec une expression d'intérêt; mais réprimant aussitôt tout témoignage de surprise: vous ne savez pas ce qu'il veut? demanda-t-il.

— Je l'ignore, Excellence; il s'obstine à ne vouloir parler qu'à vous.

— C'est bien, qu'il entre.

Le président se coiffa de son chapeau empanaché par-dessus son foulard, mit ses gants, boutonna son uniforme, et s'appuyant contre le dossier de son fauteuil, il attendit en jouant nonchalamment avec la dragonne de son sabre. Marcelin entra.

Le jeune homme que nous avons vu si brave et si résolu précédemment à la réunion des Vaudoux, tremblait comme la feuille, il n'osait lever les yeux, et il marchait à demi courbé, comme s'il eût cherché à se faire le plus petit possible aux regards de l'homme redoutable qu'il se préparait à affronter et dont l'aspect seul le remplissait intérieurement de terreur.

— Approche, mon garçon, lui dit en souriant le général.

— Excellence... monseigneur... balbutia Marcelin d'une voix étranglée paar la crainte ou par le respect, ou peut-être encore par tous les deux à la fois.

— Appelle-moi monsieur tout simplement, mon garçon, reprit le général avec bonté. Tu es, m'a-t-on dit, au service de M. Duvauchelle. Est-ce lui qui t'envoie vers moi?

— Excellence... monsieur, veux-je dire, ce n'est pas lui, non.

— Qui donc alors?

— C'est ma mère.

— Comment ta mère?

— Oui, c'est-à-dire, non, Excellence... monsieur, pardon, je me trompe, et il avança timidement la main droite, dans laquelle était un papier plié et cacheté.

— Qu'est-ce que cela, garçon? demanda le président, qui suivait le manège du nègre avec surprise.

— Sauf votre respect Excellence, c'est une lettre

— Une lettre pour moi?

— Oui, Excellence... c'est-à-dire non, monsieur; elle est pour le colonel Brazier.

— Pour le colonel Brazier? il faut la lui remettre alors.

— C'est que ma mère m'a bien recommandé de ne la remettre qu'à Votre Excellence, répondit le jeune homme qui, rassuré par le ton bienveillant du général, commençait à reprendre peu à peu son sang-froid.

Le président le regarda fixement; cet examen fut probablement favorable au jeune homme, car le président reprit doucement avec un sourire de bonne humeur.

— De qui tiens-tu cette lettre? demanda Geffrard à Marcelin.

— Sauf votre respect, monseigneur... monsieur, je veux dire, c'est Floréal Apollon, le roi des Vaudoux, qui me l'a donnée.

— Hein? s'écria le général en tressaillant et s'emparant brusquement de la lettre que Marcelin lui tendait toujours ; tu as bien dit le roi des Vaudoux, n'est-ce pas ?

— Oui, Excellence.

Le président fit quelques tours dans le cabinet d'un air pensif, puis il revint au jeune homme.

— Assieds-toi, garçon, lui dit-il avec bonté, tu dois être fatigué, car tu as sans doute fait une longue course ?

— Oui, monseigneur ; je viens du piton de Curidas.

Geffrard ouvrit la porte du cabinet, parla pendant quelques instants à voix très basse avec un officier qui se tenait dans un salon adjacent, lui remit la lettre, puis se retournant et se rapprochant de Marcelin, toujours immobile et effaré au milieu du cabinet.

— Voyons, mon garçon, lui dit-il, raconte-moi comment cette lettre t'a été donnée par Floréal Apollon.

— C'est que je crains que ce ne soit bien long, Excellence.

— C'est égal, mon garçon, dis toujours ; nous avons le temps.

Marcelin, remis complètement à son aise par les manières affables du président et ses paroles douces et bienveillantes, raconta alors, sans se faire prier davantage, bien qu'avec un reste d'embarras bien naturel, tout ce qui lui était arrivé.

Puis il termina ce récit, un peu prolixe peut-être, en expliquant au chef du pouvoir l'embarras dans lequel il s'était trouvé, et comment sa mère, qui était une honnête et digne femme, lui avait conseillé de se rendre tout droit à la maison nationale, non pas pour remettre au colonel Brazier la lettre dont il était porteur, mais au contraire pour rapporter au président de la République tout ce qui s'était passé entre lui et le roi des Vaudoux.

— Maintenant que j'ai fait mon devoir, ajouta-t-il, je me sens soulagé, Excellence ; j'avais un poids bien lourd sur la poitrine, et, dit-il en se servant d'une ~cution fort en usage parmi les noirs et les hommes couleur à Saint-Domingue, j'étais si triste, si te, *que je sentais mon cœur tomber à mes pieds*.

Tu es un brave garçon, lui dit le président en donnant une claque amicale sur l'épaule, caresse combla de joie le jeune nègre ; tu es brave et dévoué à ton maître, cela est très bien; je te récompenserai.

— Je n'ai pas mérité de récompense pour ce que j'ai fait, monsieur, répondit-il en relevant la tête avec fierté; je dois tout à mon maître, et je fais tout ce que je peux pour m'acquitter envers lui; voilà tout.

— C'est bien; tu es un brave cœur, je te le répète. Es-tu né dans ce pays?

— Pardonnez-moi, monsieur, je suis né au Texas; j'étais esclave, ainsi que ma mère. M. Duvauchelle a eu pitié de nous, il nous a rachetés et nous a donné la liberté; vous voyez que ce que j'ai fait est tout naturel.

En ce moment la porte s'ouvrit et le colonel Daudin parut sur le seuil.

— Eh bien? lui demanda le président en s'approchant vivement de lui.

— Voilà, Excellence.

Et il remit au président une lettre et un papier, que le général parcourut rapidement des yeux, puis cacha sous son uniforme.

— Je suis satisfait de vous, mon cher colonel; surtout pas un mot du secret que vous avez découvert dans cette lettre: il y va de votre tête, dit le président en fixant sur lui son regard chargé d'éclairs.

— Je serai muet, général.

— Votre fortune est dans vos mains; elle dépend de votre silence. Vous m'avez bien compris, colonel; allez.

Le colonel Daudin salua respectueusement et sortit sans répondre.

Le président se rapprocha alors de Marcelin qui, complètement remis de sa première émotion, s'amusait à admirer avec une joie d'enfant les meubles magnifiques qui l'entouraient.

— Écoute, lui dit-il, et retiens bien ce que tu vas entendre.

— J'écoute, monsieur.

— Tu es dévoué, intelligent, je puis donc me fier à toi; souviens-toi de ceci: il faut que tout le monde ignore que tu m'as vu et que tu as causé avec moi, même ton maître, même ta mère. Tu m'entends?

— J'entends, monsieur, répondit-il avec un fin sourire; mais vous qui pouvez tout, très excellent seigneur, vous sauverez la pauvre petite Marie, n'est-ce pas?

— Oui, ou du moins je fera tout ce qui me sera possible pour la sauver. A propos, reprends cette lettre dont je n'ai que faire.

— Vous me rendez cette lettre, monsieur?

— Oui, prends.

Marcelin saisit la lettre.

— Et vous sauverez Marie, n'est-ce pas? dit-il.

— Je te répète que je tâcherai.

— Bien s'écria-t-il avec un bon de joie et en éclatant de rire, vous promettez de sauver la fillette, je suis tranquille alors! et il fit un mouvement pour sortir.

— Attends; Floréal Apollon a, dis-tu, demandé une entrevue à ta jeune maîtresse?

— Non pas à celle-là, il l'a tuée; mais à sa sœur, Mlle Angèle; mais maintenant je ne lui dirai pas, soyez-en certain, monsieur.

— Au contraire. Non seulement tu le lui diras, mais bien plus, tu l'engageras à se rendre avec toi à ce rendez-vous.

Marcelin regarda le président avec étonnement.

— Mais s'il veut la tuer? dit-il; Floréal est un tigre.

— Elle ne courra aucun danger, je te le promets, reprit le président; mais il faut que cette entrevue ait lieu à l'heure dite, sans cela je ne réponds de rien.

— Ah! puisque cela est ainsi, je tâcherai de la décider à y aller.

— Je t'autorise même, si cela est nécessaire pour la convaincre, à lui dire, mais à elle seule, tu me comprends bien? que c'est moi, le général Geffrard, qui le veux.

— Oui, monsieur.

— Maintenant pars, et surtout sois discret.

— Mais, dit Marcelin en retournant entre ses mains la lettre que le président lui avait rendue, que faut-il faire de cette lettre?

— A qui est-elle adressée? lui dit en souriant le général.

— Au colonel Brazier, monsieur, vous le savez bien.

— Alors cherche le colonel Brazier, mon garçon, et si tu le trouves, eh bien, tu la lui remettras: je n'en ai que faire, moi, je te l'ai dit.

— Ah! fit-il, mais se reprenant tout à coup; et riant de plus belle, bon, j'ai compris, soyez tranquille, monsieur, je vous prouverai que je ne suis pas un imbécile.

— Et si tu trouves le colonel, et qu'il te donne une réponse écrite...

— Je vous la montrerai, monsieur, interrompt-il en riant.

— C'est cela, va, au revoir, je me souviendrai de toi, mon garçon.

— C'est bien de l'honneur que vous me faites, monsieur, répondit le jeune homme.

Il salua gauchement et sortit du cabinet.

Le domestique qui l'avait introduit auprès du président l'attendait, il le conduisit jusqu'à la porte de la rue non sans chercher à connaître les motifs de sa visite au chef de l'Etat; mais le jeune homme réussit à lui donner le change et à ne rien lui révéler, bien qu'il répondît cependant à toutes ses questions.

Marcelin était à peine à quelques pas de la maison nationale qu'il se trouva subitement face à face avec deux hommes arrêtés à l'angle d'une rue et qui semblaient l'attendre.

L'un de ces hommes portait un brillant uniforme d'officier supérieur, l'autre était Congo Pellé.

Le jeune homme s'arrêta en souriant et sans témoigner la moindre surprise.

— C'est toi, Congo? lui dit-il; que fais-tu donc ici?

— Tu le vois, je me promène, et toi?

— Moi je viens pour affaires. Est-ce que tu connais la ville, toi?

— Un peu; pourquoi cela?

— Parce que je te demanderais de me rendre un service.

— Lequel? parle.

— Celui de m'enseigner un officier auquel j'ai une lettre à remettre: voilà une heure que je tourne dans la ville sans pouvoir le rencontrer.

— Qu'est-ce que tu es allé faire à la maison nationale, d'où tu sors?

— Pardi! je suis allé demander l'adresse de cet officier; mais on m'a ri au nez et on m'a mis à la porte en me disant de le chercher autre part; qu'il passait la plus grande partie de son temps dans cette maison, à la vérité, mais qu'il était sorti depuis midi et demi et qu'on ne savait pas quand il rentrerait.

L'officier qui accompagnait Congo Pellé dressa les oreilles à ces paroles.

— N'est-ce pas le colonel Brazier que tu cherches? dit-il.

— C'est lui-même, monsieur, répondit Marcelin, de l'air le plus niais qu'il put affecter en saluant respectueusement; et si vous étiez assez bon pour me dire où je pourrais le rencontrer, je vous serais bien reconnaissant.

— Je suis le colonel Brazier, reprit l'officier en se redressant avec importance.

— En êtes-vous bien sûr, monsieur? répondit Marcelin.

Le colonel se mit à rire.

— Parfaitement sûr, dit-il; qu'as-tu à me remettre?

— Une lettre.

— Une lettre?

— Oui.

— Donne.

Le jeune homme hocha doucement la tête sans répondre.

— Tu refuses? dit le colonel avec impatience.

— Non, monsieur, bien loin de là; seulement, M.

crains de me tromper, voilà tout; d'ailleurs, reprit le nègre avec une expression de naïveté à laquelle l'officier se trompa, si la lettre est pour vous, vous devez savoir de qui elle vient.

— Sans doute.
— Dites le nom pour voir?
— Floréal.
— C'est ça.

Il retira la lettre de sa pochette et la présenta au colonel.

— La voilà, dit-il; vous savez que j'attends la réponse.

— Comment la réponse?
— Dame, M. Floréal m'a bien recommandé de vous en demander une.

— Quelle imprudence! murmura l'officier en décachetant la lettre et la parcourant vivement des yeux.

Mais son visage se rasséréna subitement, et frappant sur l'épaule du nègre:

— C'est bien, attends un instant. Cette réponse, tu vas l'avoir; c'est un fidèle, ajouta-t-il en se tournant vers Congo Pellé stupéfait. On peut se fier à lui.

— Au diable! murmura le nègre en jetant un regard sournois à Marcelin; tout le monde a confiance en lui; cependant, il a l'air trop bête pour ne pas être très malin. Qui donc trompe-t-on ici? Hum! nous verrons bien.

— Entre là, mon garçon, fais-toi servir du tafia, reprit le colonel en désignant du doigt un débit de liqueurs qui se trouvait à quelques pas; dans un instant je t'apporterai moi-même la réponse que tu désires.

Il quitta alors les deux noirs et se dirigea à grands pas vers la maison nationale, dans laquelle il entra.

— Je veux bien boire du tafia, reprit Marcelin mais je n'ai pas d'argent.

— J'en ai, moi, ne t'inquiète pas, répondit Congo Pellé; viens.

— Merci, Congo, tu est mon ami, dit le jeune homme en riant.

Le colonel Daudin, placé à une fenêtre de la maison nationale, derrière une jalousie, avait vu, sans être aperçu des acteurs de cette scène, tout ce qui s'était passé entre eux.

Cependant Marcelin était assez embarrassé pour obéir au président, qui lui avait ordonné de lui remettre la réponse que lui donnerait le colonel Brazier; il comprenait instinctivement que Congo Pellé, dont il connaissait toute la finesse, avait conçu des soupçons contre lui, qu'il ne le quitterait pas, et que par conséquent il lui fallait jouer serré avec lui.

Cependant il suivit le vieux nègre d'un air satisfait en apparence, mais ruminant dans sa tête et se creusant la cervelle pour trouver le moyen de lui échapper avant que ses soupçons eussent le temps de se changer en certitude.

Le débit de liqueurs était un misérable ajoupa sale, enfumé et à demi démoli, où se trouvaient une quarantaine de buveurs noirs, mulâtres ou métis, qui riaient, chantaient et se disputaient.

Les deux nouveaux venus se mirent bientôt au diapason général.

Depuis vingt minutes environ, ils buvaient le tafia à pleins verres, selon l'habitude des nègres, tout en causant de choses et d'autres, lorsque le colonel parut sur le seuil de la porte et fit signe à Marcelin de s'approcher.

Celui-ci ne se fit pas répéter l'invitation.

— Tiens, lui dit l'officier, voici la réponse demandée par la personne que tu sais; cache cette lettre, et surtout ne te la laisse pas prendre, tu serais un homme mort.

Le jeune homme prit le papier en tremblant et le fit aussitôt disparaître.

— O, monsieur, dit-il, vous ne voudriez pas faire arriver du mal à un pauvre homme.

— C'est à toi de faire attention, tu es prévenu.

— Ne craignez rien, colonel, dit Congo Pellé, qui s'était approché, je vous réponds, moi, que la lettre arrivera à son adresse.

— Oh! si Congo veut bien rester avec moi, dit Marcelin d'un air naïf, je suis tranquille.

— Nous nous en irons ensemble, reprit le noir avec un sourire sardonique.

— Cela vaudra mieux, dit l'officier. Voici de l'argent; buvez, régalez-vous, mais surtout ne vous grisez pas.

Le colonel donna alors quelques pièces de menue monnaie au jeune homme, et il s'éloigna après lui avoir une dernière fois recommandé la prudence.

Les deux hommes se remirent à boire.

Naturellement le tafia ne tarda pas à faire son effet sur eux: aussi bientôt, avec leurs cris et leurs rires, ils firent plus de bruit que tous les autres buveurs réunis.

Lorsque les nègres sont échauffés par les liqueurs fortes, qu'ils adorent et absorbent par quantités énormes, leur première pensée est de danser un *bamboula*, la seconde de chanter.

Malgré ses soupçons, Congo Pellé, qui, de même que tous ses congénères, avait un faible pour le tafia s'était laissé aller à en boire considérablement: aussi il se trouva promptement, malgré sa résolution de surveiller Marcelin, plus que très raisonnablement gris.

Marcelin, au contraire, tout en feignant d'imiter son camarade ou plutôt celui qui s'était constitué si mal à propos son gardien, ne buvait que très peu et il avait par conséquent conservé tout son sang-froid.

Tout en riant et en gesticulant, il put remarquer que l'un des buveurs qui l'entouraient le regardait d'une certaine façon et lui faisait un signe imperceptible; il considéra ce buveur plus attentivement et reconnut aussitôt Pierret, ce domestique de confiance qui l'avait introduit auprès du président Geffrard.

— Dansons, dansons dit-il!

— C'est cela, dansons, répondit Congo Pellé avec une gravité d'ivrogne et s'appuyant à un banc pour ne pas tomber.

On sortit dans la rue.

— Qui me prête un chapeau? reprit Marcelin.

— Moi! moi! moi! s'écrièrent à l'envi tous les assistants.

Le jeune homme prit le chapeau que lui tendait le domestique, le tourna dans la main, l'essaya, puis finalement il le lui rendit.

— Non, pas celui-là, dit-il en clignant les yeux

d'une certaine façon, il est trop neuf; et il en prit un autre.

Le domestique remit son chapeau sur sa tête d'un air vexé qui fit rire les nègres à ses dépens, et il se mêla au groupe des buveurs au milieu desquels il disparut.

— Eh bien, on ne danse donc pas? dit Congo Pellé.

— Danse, toi, Congo, reprit Marcelin; moi je chanterai.

— C'est ça! hurla la foule qui s'était considérablement accrue.

Marcelin s'assit sur un banc et commença aussitôt à pleine voix cette chanson créole si connue de l'autre côté de l'Océan, tandis que Congo Pellé, de plus en plus ivre, se trémoussait avec les plus singulières contorsions :

> Cora Pradat bell'ti fille (bis);
> C'est li mo lé, c'est li ma prend,
> Li pas mandé la chain'dorée
> Li pas mandé mouchoir madras !
> C'est li mo lé, c'est li ma prend !

Cinq ou six autres danseurs s'étaient joints à Congo Pellé et bondissaient en mesure en répétant le refrain en chœur.

Marcelin continua :

> Papa di oui, maman dit non (bis);
> C'est li môlé, c'est li m'a prend,
> Jour qu'a vini fai mon bonheur.
> Ma gagné li c'est tou mô lé,
> Cora Pradat bell'ti fille !
> Baille n'amoureux cœur à vous !

Comme il achevait ce second couplet qui faisait

pâmer d'aise tous les assistants, Marcelin sentit qu'on lui touchait légèrement l'épaule; il retourna légèrement la tête.

Pierret, le domestique du président, était derrière lui.

Pierret lui recommanda le silence et surtout la prudence d'un geste, et lui glissa adroitement dans la main un papier, que le jeune homme cacha aussitôt dans sa ceinture; puis, après lui avoir fait un dernier signe, le domestique s'éloigna sans être remarqué.

Marcelin avait réussi; le président avait lu la lettre, et, après l'avoir lue, il la lui avait renvoyée, sans éveiller les soupçons de celui qui, de son autorité privée, s'était fait son garde du corps.

Cependant la danse continuait.

D'autres danseurs et d'autres chanteurs s'étaient mêlés à la foule qui grossissait toujours; Congo Pellé, essoufflé par l'exercice auquel il se livrait depuis si longtemps, avait enfin été contraint de s'arrêter.

Marcelin assis, le dos appuyé au mur, regardait la danse tout en fumant un de ces énormes cigares nommés bouts de nègres et en buvant à petits coups un verre de tafia.

Congo Pellé s'approcha de lui, et lui frappant sur l'épaule:

— Ah ça! est-ce que tu dors? lui demanda-t-il en riant.

Le jeune homme tressaillit.

— Non, dit-il, je bois.

— C'est bon de boire, mais il ne faut pas négliger les affaires.

— C'est juste; que me veux-tu?

— Eh ! eh ! fit le nègre en ricanant, voyons, assez causé : partons-nous ? le jour s'avance et nous avons une longue route à faire.

— Partons, répondit Marcelin, à qui la mémoire sembla revenir subitement et qui vida son verre d'un trait.

Ils s'éloignèrent, et ils furent bientôt hors de la ville et en pleine campagne.

— Ecoute, dit le jeune homme au bout d'un instant, tu te méfies de moi, et tu as tort.

— Moi ! se récria l'autre.

— Je m'en suis aperçu ; je veux te donner la preuve que tu te trompes : voici la lettre du colonel, porte-la toi-même à Floréal.

Gongo Pellé le regarda d'un air hébété.

— Tu te moques de moi, lui dit-il.

— Je ne me moque pas de toi, Congo, et je te dis la vérité.

— Tu consentirais à te dessaisir de cette lettre en ma faveur ?

— La voilà ; tu peux la prendre.

— Mais pourquoi fais-tu cela ?

— Parce que je ne veux pas être plus longtemps exposé à tes soupçons ; voici la lettre, va de ton côté, moi j'irai du mien ; tu demanderas à Floréal Apollon des renseignements sur mon compte ; il me connaît bien, lui ; tu verras ce qu'il te répondra.

Tout en parlant ainsi d'un air de simplicité et de dignité blessée, le jeune homme jeta la lettre aux pieds de Congo Pellé, tourna les talons et s'éloigna à grands pas.

Congo le suivit des yeux un instant, puis il hoch

la tête à plusieurs reprises, se baissa, ramassa la lettre, et reconnaissant que bien décidément son compagnon l'avait abandonné, il se remit en route en murmurant à part lui:

— Tout cela n'est pas clair, il y a quelque chose!

Décidément, si ce digne Congo Pellé n'avait pas été un si rusé Vaudou, il eût fait un excellent agent de police; il avait le flair, comme le disent spirituellement entre eux les membres de cette honorable corporation.

Voilà de quelle façon Marcelin avait réussi à accomplir les ordres contradictoires qu'il avait reçus; à se débarrasser de l'espion qui s'était attaché à ses pas; et finalement à rejoindre son maître à la grotte des Montagnes-Noires, au coucher du soleil, après une des journées les plus fatigantes de toute son existence; le cœur léger et l'esprit dispos, car il avait la conviction intérieure d'avoir accompli son devoir avec intelligence.

Et il ne se trompait pas, le brave et dévoué serviteur; il était en effet impossible de sortir plus adroitement d'une situation aussi critique et aussi périlleuse que celle dans laquelle il s'était trouvé pendant plusieurs heures.

XX

L'entrevue.

Nous reviendrons maintenant à M. Colette et à M. d'Antragues, qui, après avoir fait leurs adieux à M. Duvauchelle, retournaient, accompagnés de Marcelin, sous bonne escorte à la plantation.

Leur petit voyage s'accomplit dans les meilleures conditions; pendant un trajet assez long à travers les montagnes, ils n'aperçurent rien de suspect, et enfin, vers neuf heures du soir, ils mirent pied à terre devant le perron de l'habitation.

La plus profonde tranquillité n'avait pas cessé un seul instant de régner sur la plantation.

Le Français, hôte de M. Colette, se promenait de long en large sur la galerie extérieure, une cigarette à la bouche.

Un cordon de sentinelles armées de fusils et fort rapprochées les unes des autres veillaient attentivement à la sûreté commune, prêtes à donner l'alarme au moindre mouvement dans les halliers.

Bref, l'habitation et toutes les terres qui en dépendaient étaient gardées militairement.

Après l'échange des premiers compliments, le planteur demanda à son hôte des nouvelles de sa sœur.

Mlle Angèle, encore faible des suites de sa blessure, s'était sentie un peu fatiguée, et depuis une demi-heure environ elle s'était retirée dans ses appartements.

Les trois hommes entrèrent alors au salon, et comme il était encore de trop bonne heure pour se livrer au repos, et que d'ailleurs il était bon de donner aux domestiques l'exemple de la vigilance, ils commencèrent une partie de cartes qui, malgré leurs préoccupations, ne tarda pas à les intéresser vivement et, selon toutes probabilités, se prolongerait fort avant dans la nuit! Ce qui montre jusqu'à quel point les créoles et les hommes de couleur poussent la passion du jeu.

Quant à Marcelin, au lieu d'entrer dans la maison, il avait pris les trois chevaux en bride et s'était avec eux dirigé vers les écuries.

Mais aussitôt qu'il eut franchi le cordon de sentinelles et qu'il se trouva abrité derrière un épais massif de bananiers, il s'arrêta, bouchonna avec soin deux de ses chevaux qui, n'ayant fait qu'une course assez courte, n'étaient nullement fatigués, leur enveloppa les pieds avec des morceaux de laine et les attacha à un fromager; le troisième cheval fut seul conduit par lui à l'écurie.

Ce devoir accompli, il revint à l'habitation, se rendit à l'appartement de Mlle Angèle Colette, et après avoir, pendant quelques secondes, écouté à la porte, il frappa légèrement deux fois.

— Entrez, répondit aussitôt une voix douce de l'intérieur.

Il ouvrit la porte et entra.

La jeune fille était assise ou plutôt à demi couchée

sur un sopha, la mère de Marcelin était accroupie sur un coussin à ses pieds.

— Bonsoir, Marcelin, lui dit-elle avec un sourire mélancolique, dès qu'elle l'aperçut. Entrez, mon ami, vous voyez que je vous attends.

— Vous m'attendez, mademoiselle? répondit-il avec étonnement.

— Oui, votre mère m'a tout dit.

— Ma mère vous a tout dit, mademoiselle? Tant mieux, car je vous avoue que je ne savais de quelle façon m'y prendre pour m'acquitter de l'étrange message dont, bien contre mon gré, je suis porteur.

— Je l'ai pensé ainsi, voilà pourquoi je me suis chargée de ce soin, dit la négresse.

— Et naturellement vous refusez de venir à ce rendez-vous, n'est-ce pas, mademoiselle? reprit-il d'un ton insinuant.

— Non pas, mon ami, dit-elle vivement, j'accepte, au contraire.

— Vous acceptez, mademoiselle! s'écria-t-il avec stupéfaction.

— Oui.

— Mon Dieu! mais vous n'avez pas bien réfléchi alors aux conséquences d'une démarche aussi dangereuse; permettez-moi, mademoiselle, avec tout le respect que je vous dois, de vous expliquer....

— Rien, mon ami, répondit-elle en secouant sa tête charmante avec un doux et triste sourire; ma résolution est prise, elle est immuable!

— Mais c'est impossible cela, mademoiselle!

— Pourquoi donc est-ce impossible?

— Parce que, reprit-il avec force, cet homme est une bête sauvage et qu'il vous assassinera.

— Oh! croyez-vous, Marcelin?

— Si, comme moi, vous aviez pu voir son rire de démon pendant qu'il me donnait ce message, vous ne parleriez pas ainsi, mademoiselle.

— Mais quels peuvent être les projets de cet homme?

— Je l'ignore, mais ces projets sont terribles, j'en ai la conviction; ne vous livrez pas ainsi sans défense, sans secours possible, entre ses mains! Je vous en supplie, mademoiselle!

La jeune fille sembla réfléchir pendant quelques instants; Marcelin suivait avec anxiété les divers sentiments qui, tour à tour, se peignaient sur son visage.

Un instant, il crut l'avoir convaincue, il espéra.

Mais cet espoir ne fut, hélas! que de courte durée.

La jeune fille se redressa subitement, secoua à deux ou trois reprises sa charmante tête mutine, et d'une voix ferme et accentuée, elle dit, en tendant sa main mignonne à Marcelin.

— Il en sera ce qui plaira à Dieu, mon ami; d'ailleurs, ajouta-t-elle, ne serez-vous pas avec moi?

— C'est vrai, mais je serai seul avec vous, mademoiselle, et je ne pourrai que me faire tuer sans espoir de vous sauver.

— Renoncez à cette entrevue, chère maîtresse, dit la négresse avec un accent de douce prière.

— Non, dit-elle résolûment, il le faut; ce moyen m'est offert pour sauver la pauvre petite fille de ma sœur; je dois l'employer, quelles qu'en doivent être pour moi les conséquences ; cessez de me prier, mes amis, vos remontrances seraient inutiles : il le faut

Les deux serviteurs courbèrent la tête avec découragement, ils comprenaient que, devant une détermination si nettement formulée, toute insistance nouvelle serait en pure perte.

— Vous n'avez parlé de ce rendez-vous à personne? reprit la jeune fille au bout d'un instant.

— A personne, non, mademoiselle.

— Bien : tout est-il prêt?

— Tout est prêt.

— Vous vous faites fort de me conduire hors de l'habitation sans être aperçue par les sentinelles?

J'en suis certain.

— Venez donc, alors, il est temps, fit-elle en se levant.

La négresse se jeta dans ses bras.

— Courage, maîtresse, lui dit-elle à l'oreille en l'embrassant, peut-être des amis veilleront-ils sur vous.

— Que voulez-vous dire?

— Chut! fit-elle en posant un doigt sur sa bouche, et elle ajouta à voix haute ; je reste ici pour répondre à votre père au cas où il viendrait frapper à la porte de votre appartement. Courage, maîtresse!

La jeune fille l'embrassa en souriant, puis se tournant vers Marcelin :

— Allons! lui dit-elle.

Ils sortirent.

Le corridor était sombre et désert.

Au lieu de prendre le chemin ordinaire, Marcelin tourna à gauche et s'engagea dans un escalier de service qui aboutissait à la porte de l'habitation où se trouvaient les logements des domestiques.

Angèle le suivait, soigneusement enveloppée dans une cape noire dont le capuchon était rabattu sur son visage.

Malgré tout son courage, la jeune fille ne pouvait s'empêcher de frissonner d'épouvante.

Tout en affectant une entière liberté d'esprit, elle ne se dissimulait nullement les dangers affreux auxquels elle s'exposait dans cette tentative désespérée pour sauver sa nièce.

L'homme avec lequel elle allait se trouver en contact s'était révélé tout à coup à elle sous de si hideux dehors, les crimes qu'il avait commis les uns après les autres étaient si lâches et si injustifiables sous tous les rapports, qu'elle n'osait rien espérer de lui.

Elle se rendait donc à cette entrevue en victime résignée, mais soutenue par son honneur et sa profonde amitié pour sa sœur qui la poussaient à tenter ce moyen suprême pour sauver, s'il était possible, la pauvre enfant enlevée par ce misérable.

Grâce aux précautions prises par Marcelin, ils parvinrent sans être aperçus à franchir le cordon de sentinelles et à se glisser, sans éveiller l'attention, à travers les halliers, jusqu'à l'endroit où le jeune homme avait attaché les chevaux.

Le noir aida sa maîtresse à se mettre en selle, lui recommanda une dernière fois la prudence, et conduisant les deux chevaux en bride, il les mena, à travers des sentiers détournés, jusqu'à la route de Léogane.

arrivé là, il monta à cheval à son tour, et se plaçant à la droite de sa jeune maîtresse :

— Mademoiselle, lui dit-il à voix basse, bientôt nous serons auprès de Floréal. Le seul moyen de tenir ce bandit en respect est de paraître ne pas le craindre; évitez, en causant avec lui, de lui adresser des reproches ou de prononcer des mots blessants; feignez, au contraire, la plus grande confiance en sa loyauté.

— J'essayerai, répondit-elle d'une voix tremblante.

— Si vous hésitez, si vous avez peur, il est temps encore de retourner sur vos pas.

— Non, répondit-elle résolûment, non, poussons en avant; mon sort est aux mains de Dieu; il ne m'abandonnera point.

— Ainsi soit-il, murmura le noir; je ne puis que vous dire encore que, si peu que je vaille, je serai mort avant que Floréal tente de vous faire la moindre insulte.

— Merci, mon bon Marcelin; je connais votre dévouement pour moi; mais partons, car il se fait tard.

Partons donc, puisque vous l'exigez, dit-il d'une voix sombre.

Il enleva son cheval, qui s'élança ventre à terre, suivi par celui d'Angèle.

Grâce à la précaution prise par Marcelin, d'envelopper leurs sabots de laine remplis de sable, les deux chevaux semblaient glisser dans la nuit comme des fantômes, sans que leur course effarée produisît le moindre bruit sur la terre battue du chemin.

La jeune créole et son serviteur galopèrent ainsi pendant vingt-cinq minutes environ sans échanger une parole.

Ils fuyaient silencieusement dans la nuit, aux rayons argentés de la lune qui imprimaient une apparence étrange et fantastique au paysage.

A une courte distance de Léogane, Marcelin appuya brusquement sur la gauche et s'engagea dans un chemin de traverse un peu encaissé, bordé des deux côtés par d'épais bouquets de grands arbres et qui se dirigeait vers les montagnes.

— Courage! dit-il à sa jeune maîtresse.

— J'en ai! murmura-t-elle; ne sommes-nous donc pas bientôt rendus? Cette course furieuse me brise.

En effet, on entendait siffler la respiration haletante de la jeune fille.

— Quelques minutes encore, répondit-il.

— Dieu soit loué! dit-elle à voix basse.

Ils continuèrent pendant quelques minutes encore.

— Vous demeurerez près de moi, n'est-ce pas, Marcelin? murmura la jeune fille en se penchant à l'oreille du noir.

— Quoi qu'il arrive, mademoiselle, je ne vous quitterai pas.

— Je compte sur votre promesse; atteindrons-nous bientôt le lieu du rendez-vous?

— Nous sommes arrivés, dit Marcelin en arrêtant subitement son cheval.

— Il n'y a personne, répondit la jeune fille en jetant un regard anxieux autour d'elle.

Ils se trouvaient alors au centre d'une espèce de carrefour où aboutissaient plusieurs sentiers, et qu'un épais rideau d'arbres entourait de tous les côtés.

— Vous vous trompez, mademoiselle, dit une voix rude.

Et au même instant un homme se leva du milieu des buissons, à trois pas à peine des chevaux.

Angèle avait reconnu Floréal Apollon.

Le terrible roi des Vaudoux portait toujours son même costume, il se tenait immobile et sombre, les bras croisés sur la poitrine, la tête haute, le regard froid et glauque comme celui d'un serpent, en face de la tremblante créole qu'il semblait vouloir fasciner.

— Je suis venue à votre appel, monsieur, dit la jeune fille en réprimant un léger frisson de surprise et de crainte, prête à écouter les propositions que vous voulez me faire.

— On parle mal quand un des interlocuteurs est à pied et que l'autre est à cheval, reprit-il en souriant avec ironie; veuillez mettre pied à terre et me suivre à quelques pas plus loin, pendant que cet homme tiendra les chevaux.

— Vous manquez à nos conventions, Floréal, dit vivement Marcelin; je comprends que vous désiriez que mademoiselle soit à pied, et je ne m'oppose nullement à ce qu'elle descende de cheval pour s'entretenir avec vous, mais quant à me laisser ici et s'éloigner avec vous, voilà ce que je ne souffrirai pas.

— Que veut dire ce drôle? reprit Floréal avec hauteur; prétend-il m'imposer des conditions?

— Je ne prétends rien, répondit-il avec fermeté, mais j'exige que vous teniez strictement les engagements que vous avez pris avec moi.

— Prenez garde! gronda-t-il sourdement.

— Je ne crains rien; vous savez que je ne suis pas facile à effrayer, n'est-ce pas? Mademoiselle n'a consenti à venir ici que parce que je lui ai juré que je ne la quitterais pas un instant. D'ailleurs vous n'aurez rien à dire que je ne puisse entendre, il me semble. Maintenant je vous donne deux minutes pour accepter ou refuser; si oui, très bien, nous restons; si non, nous retournons à l'habitation.

— Chien maudit, murmura Floréal en lançant un regard sinistre au jeune homme qui ne s'en émut nullement, je te retrouverai.

— C'est probable, reprit Marcelin en riant, d'autant plus que je ne chercherai pas à vous éviter; mais en ce moment il ne s'agit pas de cela. Acceptez-vous, oui ou non?

— J'accepte, puisque je ne puis faire autrement et que l'enfer te confonde, misérable! s'écria-t-il avec rage.

Le jeune homme mit pied à terre, conduisit les deux chevaux auprès d'un arbre, les attacha, puis il aida sa maîtresse à descendre et rejoignit avec elle Floréal, qui était demeuré immobile au milieu du carrefour.

— Là! reprit Marcelin; maintenant tout est en ordre. Causez de vos affaires avec mademoiselle; ne faites pas attention à moi, je ne vous écoute point; j'ai pour habitude de ne me mêler que de ce qui me regarde.

Il fit un pas ou deux en arrière, croisa les bras sur sa poitrine et demeura immobile, les regards fixés sur les deux interlocuteurs qu'il ne voulait pas un instant perdre de vue.

— Me voici prête à vous entendre, monsieur, dit la jeune fille d'une voix qu'elle essayait vainement de raffermir. Seulement, hâtez-vous de vous expliquer, je vous prie. Quelles sont ces propositions que vous voulez me faire? Le temps presse, je suis loin de ma demeure; je ne voudrais pas qu'on s'aperçut de mon absence.

— Cela pourrait vous compromettre, dit le nègre avec un ricanement sinistre. C'est drôle une jeune fille bien élevée qui court les champs la nuit pour venir au rendez-vous d'un bandit; car c'est le nom que vos amis me donnent, n'est-ce pas, mademoiselle?

— Est-ce pour me dire cela que vous m'avez priée de venir? répondit-elle avec une dignité fière et touchante qui imposa au misérable.

— Non, répondit-il brusquement, c'est pour autre chose.

— J'attends.

Floréal la considéra un instant avec attention, et ses instincts mauvais reprenant tout à coup le dessus :

— Vous aimez bien votre sœur? dit-il d'une voix railleuse.

— Ma présence ici, en est la preuve.

— Et sa fille, l'aimez-vous?

— Hélas! comme si elle était la mienne. Pauvre enfant!

— Voilà qui est bien, fit-il en ricanant. Puisqu'il en est ainsi, j'espère qeu nous pourrons nous entendre.

— Je suis venue exprès pour cela.

— Il faut, avant tout, reprit-il, en lui lançant un

regard farouche, que vous soyez bien convaincue, mademoiselle, que nulle puissance humaine ne saurait ravir votre nièce de mes mains ni la sauver du sort qui lui est réservé, si je ne consens pas à vous la rendre.

— Si je n'avais pas eu la conviction que cela est vrai, monsieur, me serais-je décidée à tenter cette démarche?

— Très bien, reprit-il avec son ricanement sinistre. Quelle belle chose, sur ma foi, que l'amour fraternel!

— Raillez-vous, monsieur? dit la jeune fille en faisant un pas en arrière.

— Allons! allons! ne nous fâchons pas, mademoiselle, je ne suis peut-être pas aussi diable que j'en ai l'air; il ne s'agit que de s'entendre.

— Quelles sont vos conditions?

— Vous êtes bien pressée de les entendre, mademoiselle. Bah! nous avons le temps.

La jeune fille frappa du pied avec colère, ses sourcils se froncèrent à se joindre; elle n'avait plus peur.

— Ecoutez, monsieur, dit-elle, mieux vaut terminer cette affaire promptement.

— Vous le voulez, eh bien, soit, d'autant plus que c'est mon désir le plus vif, interrompit-il avec un sourire narquois.

— Voici ce que je vous propose.

— Voyons un peu.

— Mon frère est riche, vous le savez.

— Je connais le chiffre de sa fortune mieux que lui peut-être, fit-il en ricanant; après?

— Fixez vous-même la somme que vous désirez;

si forte que soit cette somme, je vous jure qu'elle vous sera loyalement remise, dussions-nous être réduits à la misère pour accomplir la promesse que je vous fais au nom de mon frère et au mien; parlez donc, ne craignez pas de demander, je vous écoute.

Floréal Apollon l'avait écoutée sans l'interrompre, ses yeux rivés sur les siens avec une expression singulière; lorsqu'elle se tut, il fit un pas en avant et, en scandant sans affectation chacune de ses paroles :

— Ainsi, dit-il avec un mauvais sourire, vous consentiriez à me faire l'abandon de toute votre fortune?

— Sans hésitation et sans regret, pour sauver cette malheureuse enfant. Oui, monsieur, je vous le jure! s'écria-t-elle.

— Oh! alors la chose va de soi, reprit-il en riant, et comme vous le dites, nous terminerons promptement; puisque vous vous résignez à un aussi grand sacrifice, vous ne me refuserez pas ce que je veux obtenir.

— Dites le chiffre.

Floréal Apollon secoua négativement la tête en fixant un regard étrange sur la jeune fille qui rougit malgré elle et baissa les yeux en tremblant sous ce regard dont elle ne put soutenir l'implacable éclat.

— Ce n'est pas de l'argent que je désire, dit-il. Que m'importe cette fortune que vous me proposez? Je serai plus riche que vous, pauvre femme, quand cela me plaira.

— Que voulez-vous donc alors? demanda-t-elle en frissonnant, car elle comprit que jusqu'à ce moment le misérable avait joué avec elle comme un tigre joue avec la gazelle qu'il tient palpitante sous sa griffe puissante.

— Ce que je veux? reprit-il avec un sourd grondement.

— Oui, parlez.

— Eh bien, je veux faire un échange.

— Je ne vous comprends pas.

— Je vais m'expliquer, dit-il avec un ricanement sinistre. Je consens à rendre l'enfant à son père, à une seule condition.

— Et cette condition, quelle est-elle?

— La voici, reprit-il brutalement d'une voix nerveuse qui s'échappa de ses lèvres serrées comme le sifflement railleur d'un reptile, la voici: c'est que c'est vous qui la remplacerez.

A l'étrange et révoltante proposition de Floréal, la jeune fille resta stupéfaite; elle crut d'abord avoir mal entendu, tant il lui semblait impossible que de telles paroles lui eussent été adressées par cet homme.

— Que voulez-vous dire? s'écria-t-elle en se reculant avec épouvante.

Floréal Apollon ne sourcilla pas; toujours calme et impassible, et maître de lui, il reprit d'une voix railleuse:

— Je veux dire que vous prendrez la place de l'enfant, et que vous me suivrez dans les mornes, où vo⟨us⟩ demeurerez avec moi. Me suis-je expliqué clairement cette fois?

— Oh! s'écria-t-elle avec une inexplicable expression de dégoût, en faisant un pas en arrière; plutôt la mort qu'une telle honte!

A cette terrible insulte qui lui était si résolûment

jetée à la face par la jeune fille offensée de tant d'audace et de cynisme, les traits du terrible roi des Vaudoux se contractèrent, son visage prit subitement cette teinte cendrée qui est la pâleur des nègres, une écume blanchâtre mouilla les commissures de ses lèvres épaisses.

— Malheureuse! s'écria-t-il avec rage en faisant un pas vers elle.

La jeune fille se recula avec épouvante.

— Mon Dieu! murmura-t-elle en fondant en larmes comment attendrir cet homme ?

— M'attendrir! s'écria-t-il avec un rire cynique; finissons: il faut me suivre dans les mornes, et là, je te rendrai l'enfant de ta sœur.

— Pitié! s'écria-t-elle en se laissant glisser à ses pieds et, joignant les mains avec prière: Ayez pitié de ma douleur; mon frère vous a toujours aimé, vous êtes son frère de lait.

— Parle pour toi, répondit-il en la repoussant durement; ton frère, je le hais!

La jeune fille se leva soudain, ses yeux lançaient des éclairs, son visage avait une expression de résolution étrange.

— Vous ne voulez pas me rendre ma nièce? lui dit-elle d'une voix stridente.

— Avant tout, je veux que tu me suives; plus tard peut-être, nous verrons, reprit-il en ricanant et et lui saisissant le bras gauche; viens! tu es à moi maintenant.

Angèle se dégagea, par un mouvement brusque, de l'étreinte odieuse du bandit, et elle se rejeta vivement en arrière.

— Tu est un monstre et un lâche! s'écria-t-elle. Arrière, chien, je te méprise. Sois maudit, misérable!

Et elle lui cracha à la face.

Floréal poussa un rugissement de tigre aux abois et s'élança, le poignard levé, sur la jeune fille immobile, calme et hautaine, à quelques pas de lui.

Elle se crut perdue.

Elle n'essaya pas d'entamer une lutte inutile et avilissante contre son bourreau, et levant les yeux au ciel, elle recommanda mentalement son âme à Dieu, qui seul pouvait la sauver.

XXI

La surprise.

Tout à coup, et avant même que Floréal Appollon pût se mettre en défense, Marcelin, qui jusque-là était demeuré témoin impassible et indifférent en apparence de cette scène affreuse, bondit sur lui si brusquement, que le nègre, surpris à l'improviste, fit quelques pas en arrière en trébuchant et laissa tomber son poignard, que le jeune homme ramassa et passa aussitôt à sa ceinture.

Puis, se plaçant bravement devant la jeune fille à demi évanouie, et arrêtant d'un geste le roi des Vaudoux, qui revenait furieux sur lui en proférant d'horribles menaces :

— Causons sans nous fâcher, dit-il paisiblement, cela vaudra mieux pour tout le monde.

— Traître, hurla Floréal, aveuglé par la colère et ne sachant même pas ce qu'il disait, tu te mets contre moi.

— Nullement, Floréal; je suis pour la justice, voilà tout.

— La justice!... grommela-t-il.

— Pardi! c'est bien simple. Je ne veux pas faire litière de mon honneur, moi; c'est mon idée. Je me suis engagé à amener Mlle Angèle ici, à la condition expresse que vous ne l'insulteriez pas, et que, si les propositions que vous aviez à lui faire ne lui convenaient pas, elle serait libre de retourner chez son frère sans être inquiétée. Est-ce vrai, oui ou non ?

— Tu es un chien, gronda-t-il sourdement, et je me vengerai !

— Trêve d'insultes, Floréal, reprit-il de la même voix calme ; je me moque de vos menaces comme d'une banane pourrie, vous le savez ; mais cela n'est pas la question. Tant que vous avez causé tranquillement et poliment avec Mlle Angèle Colette, je n'ai voulu me mêler de cette affaire qui ne me regardait en rien ; j'ai même tâché de ne pas vous entendre. Vous proposiez une chose, mademoiselle vous en offrait une autre. Jusque-là, rien de mieux, chacun est libre de faire un marché comme il l'entend.

— As-tu fini ? s'écria le Vaudou en grinçant des dents.

— Pas encore. Vous ne vous êtes pas entendus, cela n'a rien que de très ordinaire, je n'ai pas d'avis à émettre là-dessus ; mais maintenant, au lieu de laisser, ainsi que vous vous y êtes formellement engagé, mademoiselle se retirer paisiblement, vous prétendez user de violence envers elle et l'emmener contre sa volonté avec vous dans les mornes. Ceci est autre chose, mon maître, et je vous jure sur la Couleuvre sacrée que je ne le souffrirai pas.

— Tu ne le souffriras pas !

— Non, parce que vous avez tort.

— Ah ! j'ai tort ! fit-il en ricanant.

— Positivement ; et si vous vous obstinez dans votre résolution, je vous avertis qu'il vous faudra me tuer d'abord.

— Qu'à cela ne tienne, je te tuerai.

— Bon, essayez; je suis homme à vous tenir tête, vous le savez, n'est-ce pas?

Floréal Apollon se mit à rire.

— Si je ne suis pas assez de moi seul, je me ferai aider, dit-il.

— Ah! ah! fit le jeune homme, vous aviez pris vos précautions, il me semble.

— Me supposes-tu assez fou pour ne pas l'avoir fait? reprit-il d'un air de dédain.

— Ainsi c'était un piège, un guet-apens que vous nous tendiez?

— Pardieu! fit-il en haussant les épaules. Ainsi crois-moi, enfant, ôte-toi de là et ne te mêle plus de cette affaire qui ne te touche en rien; ne m'oblige pas à te prouver que j'ai les moyens de te réduire à l'impuissance.

— Eh bien, tenez, reprit le jeune homme, en le fixant avec une indicible expression de mépris et sans reculer d'une semelle, la demoiselle a raison; vous êtes un fier gueux, monsieur Floréal, et de plus un grand lâche!

Floréal sourit avec dédain, et portant deux doigts de la main droite à sa bouche, il imita le sifflement du serpent.

Aussitôt quatre hommes surgirent du milieu des buissons où jusque-là ils s'étaient sans doute tenus invisibles.

— Mon Dieu, s'écria la jeune fille, nous sommes perdus!

— Pas encore, demoiselle, ayez bon courage, répondit en souriant Marcelin.

— Emparez-vous de cet homme et de cette femme, hurla Floréal.

— Je vous avertis que le premier qui fait un pas est mort! dit le jeune homme en armant froidement des pistolets qui tout à coup s'étaient trouvés à ses poings sans qu'il fût possible de savoir où il les avait pris.

Les nègres hésitèrent.

— Comment, reprit Floréal, vous avez peur et vous êtes quatre contre un!

Saisissant un fusil, il coucha Marcelin en joue et lâcha la détente.

Deux coups de pistolet retentirent, deux hommes frappés en pleine poitrine tombèrent sur le sol où ils se roulèrent dans les convulsions de l'agonie, en poussant des cris de douleur.

— Bon! maintenant, ils ne sont plus que deux, dit le jeune homme qui avait évité la balle de Floréal en se jetant de côté. Voyons, voulez-vous nous laisser partir?

— Tu mourras, chien maudit, s'écria le bandit en se précipitant sur Marcelin à corps perdu.

Une lutte horrible s'engagea alors entre les deux hommes.

Soudain, Angèle poussa un cri d'appel désespéré; les deux nègres qui restaient s'étaient emparés d'elle et cherchaient à l'entraîner.

Par un effort gigantesque, Marcelin échappa un instant à l'étreinte puissante de Floréal, courut vers la jeune fille, plongea son poignard dans la gorge de l'un des nègres, renversa le second d'un violent coup de tête dans la poitrine qui le laissa à demi-mort, et, le retournant par un bond de tigre, il se rua de nouveau sur Floréal Apollon.

Cette scène, qu'il nous a fallu tant de temps à décrire, s'était passée avec une rapidité si vertigineuse que l'espace d'un éclair en aurait vu le commencement et la fin.

— A nous deux, Floréal! s'écria-t-il avec un rire strident.

La lutte recommença alors, terrible, acharnée, implacable, entre les deux hommes; chacun d'eux comprenait qu'il n'avait de salut à espérer que dans la mort de son ennemi.

— Oh! je te mangerai le cœur, chien! s'écria le bandit en proie à une rage folle et redoublant ses efforts déjà gigantesques pour renverser cet adversaire qu'il avait été loin de supposer aussi redoutable.

— Sauvez-vous, sauvez-vous pendant que je combats contre ce démon! cria Marcelin à la jeune fille.

— Non, reprit-elle résolûment, je ne me sauverai pas seule, Marcelin; nous nous sauverons ou nous périrons ensemble.

Cependant, le jeune homme sentait ses forces l'abandonner, son front ruisselait de sueur, un brouillard s'étendait sur ses yeux, il avait des tintements dans les oreilles, il calculait avec terreur combien de minutes il lui serait possible encore de soutenir cette lutte désespérée.

Les bras de Floréal, noués avec une énergie furieuse autour de sa ceinture, se resserraient par une pression lente, mais irrésistible, qui faisait craquer ses os et lui ôtait la respiration; il voyait à deux pouces du sien le visage du bandit qui le regardait avec une expression diabolique: il allait perdre pied.

Soudain de grands cris se firent entendre, et le bruit d'une course rapide et qui se rapprochait d'instants en instants frappa son oreille.

— Tiens bon, Marcelin! courage! me voilà! cria une voix haletante.

Le noir et la jeune fille avaient reconnu M. Duvauchelle.

Le roi Vaudou aussi avait reconnu le planteur de Jérémie; il comprit que s'il n'en finissait pas avec le jeune homme, sa proie allait lui échapper; sa rage se changea en folie, ses bras, par un effort convulsif, serrèrent plus étroitement la ceinture de son ennemi; mais cette voix amie avait instantanément rendu au dévoué jeune homme toute son énergie première, et il redoubla, lui aussi, ses prodigieux efforts.

— Ah! fit-il d'une voix sifflante, je crois que cette fois tu es pris, misérable!

— C'est possible, répondit le nègre avec un sourire hideux; mais tu ne me verras pas prendre, tu seras mort avant!

— Au secours! au secours! mon frère, criait Angèle avec désespoir.

— Me voilà, ma sœur, me voilà! répondit M. Duvauchelle en apparaissant dans le carrefour suivi une dizaine de soldats.

Tous se ruèrent à la fois sur Floréal Apollon.

En un instant le bandit fut renversé à terre et solidement garrotté.

Marcelin gisait sans mouvement à ses pieds.

— O mon Dieu! dit la jeune fille avec douleur, et s'agenouillant auprès du jeune homme. Pauvre garçon! si brave, si dévoué! Est-il donc mort? N'est-il pas possible de le secourir? Venez, venez, je vous en supplie, mon frère!

M. Duvauchelle s'approcha avec empressement.

— Ah! ah! dit, avec un rire de triomphe, Floréal, qu'en ce moment on attachait en travers, comme un animal immonde, sur un cheval, je lui avait promis qu'il mourrait avant moi! Oui, oui! essayez de lui faire reprendre connaissance, il est mort, bien mort!

Floréal Apollon se trompait; non seulement Marcelin n'était pas mort, mais il n'était même pas évanoui.

En proie à une prostation complète causée par les efforts prodigieux qu'il avait été contraint de faire dans sa lutte contre son implacable adversaire, maintennant il sentait peu à peu l'air rentrer dans sa pcitrine et ses forces revenir, lentement à la vérité, mais de façon à ce que, au bout de quelques minutes, il eût été, s'il l'eût voulu, parfaitement en état de se lever. Mais telle n'était pas sa pensée.

Marcelin, pour des motifs particuliers connus de lui seul, désirait confirmer son ennemi dans son erreur.

Lorsque M. Duvauchelle se pencha sur lui, il lui sourit doucement, et clignant les yeux d'un air significatif:

— Il faut que Floréal me croie mort, lui dit-il d'une voix faible comme un souffle.

M. Duvauchelle lui serra la main; il avait compris.

Il se releva et s'éloigna en faisant à sa belle-sœur signe de le suivre.

Il prit alors une couverture de cheval, enveloppa avec précaution Marcelin dedans, et le fit placer sur une civière improvisée par les soldats avec des fusils, et sur laquelle se trouvaient déjà étendus les deux nègres tués précédemment par le jeune homme.

Floréal avait suivi d'un regard attentif tous ces mouvements.

— Il est donc mort, ce brave Marcelin? demanda-t-il d'une voix railleuse à M. Duvauchelle lorsque celui-ci passa auprès de lui.

— Oui, misérable, répondit le planteur; réjouissez-vous, vous l'avez tué.

— Tant mieux, s'écria-t-il avec une joie hideuse, au moins je suis vengé de celui-là! qui sait si bientôt je ne le serai pas aussi des autres?

Le planteur haussa les épaules et dédaigna de répondre; après avoir aidé Angèle à remonter à cheval, il donna le signal du départ, et la petite troupe se mit lentement en marche.

A compter de ce moment, Floréal Apollon demeura immobile et silencieux; n'eût été l'éclat fulgurant de son regard fauve, on l'eût pris pour un cadavre.

L'intervention providentielle de M. Duvauchelle, intervention qui avait, selon toutes probabilités, sauvé la jeune fille, avait été préparée avec soin par la mère de Marcelin.

Voici de quelle façon:

Quelques minutes après le départ du planteur, de

M. d'Antragues et de Marcelin, la vieille négresse, qui depuis longtemps guettait ce départ, était entrée dans la grotte; en quelques mots elle avait instruit son maître de l'entrevue que Floréal Apollon devait avoir avec Angèle, en présence de Marcelin, et après lui avoir dit à quel endroit et pour quelle heure était cette entrevue, la négresse, rassurée par M. Duvauchelle qui lui avait promis de veiller sur sa belle-sœur, au cas où le misérable Floréal méditerait une de ses perfidies accoutumées, elle s'était en toute hâte rendue à la plantation, où elle n'avait précédé que de quelques minutes à peine l'arrivée de M. Colette et de ses compagnons.

Le planteur, heureux de cette occasion qui lui était offerte de s'emparer de son implacable ennemi, avait pris ses précautions en conséquence et s'était lancé avec quelques soldats sur la piste du bandit ; mais il s'était perdu dans l'obscurité, et, sans les détonations répétées des armes à feu et surtout les cris désespérés de la jeune fille, qui l'aidèrent à se diriger, il serait probablement arrivé trop tard pour la sauver.

Vers minuit, la petite troupe atteignit enfin l'habitation.

M. Colette et M. d'Antragues ne dormaient pas encore; ils continuaient dans le salon la partie acharnée commencée à huit heures du soir.

Grande fut leur surprise en voyant arriver au milieu de la nuit Angèle, qu'ils croyaient depuis longtemps déjà endormie dans son lit, M. Duvauchelle, qu'ils supposaient à son embuscade, et surtout Floréal Apollon, qu'on ramenait prisonnier et garrotté sur un cheval.

Les explications furent longues; puis Angèle, que tant d'émotions terribles avaient complètement accablée, se retira dans son appartement, appuyée sur l'épaule de la mère de Marcelin, rassurée sur le sort de son fils qui, dès qu'il avait été entré dans l'habitation et loin des regards indiscrets, s'était jeté à son cou et l'avait embrassée de façon à lui prouver qu'il était bien vivant.

Après avoir accompli ce devoir sacré, le jeune homme était entré dans le salon afin d'assister au conseil que ses maîtres allaient tenir.

Floréal, garrotté, bâillonné, attaché en travers sur un cheval et gardé par dix soldats qui ne le quittaient pas une seconde des yeux, attendait dans la cour ce qu'on allait décider de lui.

Les portes du salon bien closes, la délibération commença.

— Que comptez-vous faire? demanda le premier M. Colette.

— Notre devoir est tout tracé, il me semble, répondit brusquement M. Duvauchelle; nous tenons ce misérable entre nos mains, fusillons-le séance tenante; vous savez le proverbe: morte la bête, mort le venin.

— Ce procédé est peut-être un peu vif, objecta M. d'Antragues; avons-nous bien le droit d'agir ainsi?

— Si nous ne l'avons pas, nous le prendrons, voilà tout, reprit M. Duvauchelle.

— Mais c'est nous faire justice nous-mêmes, cela! s'écria le planteur.

— Bah ! pourquoi tant discuter ; supposez, par exemple, que lorsque je suis arrivé sur le lieu du combat, je l'aie tué roide, il n'en serait que cela, n'est-ce pas ?

— C'est vrai ; mais vous ne l'avez pas fait, mon frère.

— J'ai eu tort, je le reconnais maintenant.

— Et vous, monsieur, demanda le planteur en se tournant vers son hôte, qui assistait sans y prendre part à cette espèce de conseil de guerre, quel est votre avis ?

— Messieurs, répondit le Français, puisque vous me faites l'honneur de m'interroger, je vous dirai franchement que je suis d'un pays où la légalité passe avant tout ; en France, la loi protège les citoyens, et nul n'a le droit de se faire justice soi-même, si grave que soit l'injure qu'il ait reçue.

— Et vous concluez ?

— A ceci : que vous ne pouvez, ne serait-ce que pour une seule nuit, conserver cet homme dans votre maison, et que vous devez immédiatement le conduire à Port-au-Prince et le livrer entre les mains de la justice.

— Hum ! fit M. Duvauchelle d'un air peu convaincu, c'est bien beau la légalité ; malheureusement, nous ne sommes pas en France ici, mais à Saint-Domingue, où la loi du plus fort est bien souvent la meilleure ; et se tournant, après cette humoristique boutade, vers le noir debout à côté de lui : Et toi, Marcelin, quel est ton avis, mon garçon ? lui demanda-t-il.

— Moi, monsieur, répondit-il sans hésiter, mon

avis est qu'on n'aurait pas dû prendre Floréal Apollon.

— C'est cela, il fallait le tuer.

— Non pas, dit-il; mais, au contraire, le laisser se sauver.

— Comment, le laisser se sauver! s'écrièrent les trois planteurs; tu es fou, Marcelin!

— Laissez ce garçon s'expliquer, dit le Français; je crois comprendre sa pensée, et mon avis est qu'il a raison.

— Ah! par exemple, ceci est trop fort, s'écria M. Duvauchelle.

— Voyons, explique-toi, Marcelin, interrompit M. Colette, tu pourrais bien être le plus raisonnable de nous tous, mon garçon. Voyons, pourquoi aurions-nous dû laisser échapper ce misérable?

— Parce que, maître, je connais maintenant son repaire et que nous sommes certains de le retrouver quand nous voudrons.

— Mais, tu le sais, s'écria M. Duvauchelle, avec violence, il est inexpugnable ce repaire.

— Peut-être, monsieur. J'y suis entré une fois, pourquoi n'y entrerais-je pas deux? Mais ce n'est pas de cela qu'il s'agit en ce moment.

— Tu es fou! reprit-il en haussant les épaules.

— Laissez-le s'expliquer, mon frère.

— Soit, qu'il parle. Continue, Marcelin, nous t'écoutons.

— Nous devions, avant tout, sauver Mlle Angèle, reprit le jeune homme. Qui nous dit que, maintenant exaspérés par la prise de leur chef, les Vaudoux ne sacrifieront pas notre pauvre chère petite Marie à leur vengeance, au lieu que, si Floréal Apollon était demeuré libre, il les aurait maintenus? Il y a d'autres raisons encore, mais qui ne nous touchent qu'indirectement, il est donc inutile d'en parler; celles-ci suffisent.

— C'est vrai, s'écria M. Duvauchelle en se frappant le front avec désespoir, ce garçon a raison. Mon Dieu! j'avais oublié ma fille!

— Que faire? murmura M. d'Antragues.

— Pardieu, s'écria M. Duvauchelle, rendons la liberté à ce misérable.

— Gardez-vous en bien, tout serait perdu, dit vivement Marcelin.

— Bon! voilà que tu n'es plus de ton avis maintenant?

— Pardonnez-moi, maître, j'en suis toujours; mais Floréal Apollon est fin comme un serpent qu'il est; si vous lui rendez la liberté, il se méfiera.

— Ce garçon a toujours raison, dit M. Duvauchelle avec une douloureuse conviction.

— D'ailleurs, objecta M. d'Antragues, malheureusement il est trop tard, nous ne pouvons plus maintenant rendre la liberté à cet homme, car nous deviendrions ses complices par ce fait seul.

— Je crois, messieurs, que le moyen le plus court, dit le Français, est de suivre le conseil que j'ai eu l'honneur de vous donner tout à l'heure, et de conduire ou faire conduire immédiatement sous bonne escorte ce misérable à Port-au-Prince; de cette façon vous aurez strictement accompli votre devoir, et personne n'aura de reproches à vous adresser.

— Je partage entièrement cet avis, dit le planteur.

— Et toi, Marcelin, qu'en penses-tu? dit M. Duvauchelle, qui maintenant avait la meilleure opinion de l'intelligence de son serviteur.

— Priez M. le Français de demeurer à l'habitation pour veiller sur Mlle Angèle, et conduisez vous-même Floréal Apollon à Port-au-Prince, maître; peut-être aurez-vous besoin de voir le général Son Excellence président.

— C'est juste, mais toi, que feras-tu pendant ce temps?

— Moi, j'irai aussi à Port-au-Prince; mais comme Floréal me croit mort et qu'il est inutile qu'il sache que je ne le suis pas, je m'y rendrai tout seul, par des chemins détournés.

— Eh bien, messieurs, dit le planteur, que faisons-nous?

— Partons, répondirent-ils en se levant.

— Soit, reprit M. Colette, et se tournant vers son hôte en lui tendant amicalement la main:

— Monsieur, lui dit-il, je vous confie l'habitation.

— Soyez sans inquiétude, monsieur, répondit le Français en lui serrant la main et sortant dans la galerie avec lui. Je veillerai sur votre sœur comme si elle était la mienne.

Sur cette assurance, qui leur enleva toute inquiétude, les trois hommes prirent affectueusement congé du Français et se firent amener leurs chevaux.

Quelques minutes plus tard, ils quittaient l'habitation et se dirigeaient vers Port-au-Prince, conduisant avec eux Floréal Apollon, garrotté solidement sur un cheval et que, par surcroît de précaution, une nombreuse escorte de soldats surveillait attentivement.

Marcelin était parti en avant, marchant de ce pas gymnastique particulier aux Peaux-Rouges et aux nègres, et qu'un cheval lancé au grand trot ne suit que difficilement.

Deux heures sonnaient à l'horloge de la plantation au moment où l'escorte s'engageait dans l'allée des tamarins.

XXII

Quelques heures avant l'attaque.

Quelques jours s'étaient écoulés depuis les événements que nous avons rapportés dans notre précédent chapitre.

Nous nous transporterons, un peu après le coucher du soleil, au fond d'un ravin profond, dans l'un des parages les plus déserts et les plus désolés de la forêt de l'Artibonite, où plusieurs hommes bien armés, au nombre d'une trentaine environ, étaient réunis.

Les uns dormaient étendus sur le sol, leurs armes à portée de la main, pour être prêts à s'en servir au plus léger signal. Quelques autres, accroupis en rond, buvaient et fumaient sans prononcer une parole, le sabre ramené devant et le fusil appuyé sur la cuisse.

Un peu à l'écart, assis sur un énorme tronc de fromager renversé, trois hommes de couleur, qui par leur costume paraissaient appartenir à la haute société de l'île, armés, eux aussi, jusqu'aux dents, causaient entre eux à voix basse avec une certaine animation.

Ces trois hommes étaient M. Colette, M. d'Antragues, et le colonel Daudin, aide de camp du général Geffrard, président de la république.

Un bruit lointain de bronze apporté par la brise passa au-dessus de la tête des causeurs.

Huit heures sonnaient à l'église de Léogane.

— Encore quatre heures à attendre, dit M. d'Antragues avec un bâillement étouffé.

— Il est impossible de rien préciser, fit observer le colonel; peut-être le signal sera-t-il donné plus tôt.

— Dieu le veuille, j'ai hâte d'en finir avec cette nichée de serpents.

— Cete fois, on leur appuiera si rudement le pied sur le corps, reprit le colonel, que j'espère qu'ils seront étouffés jusqu'au dernier.

— Mais qu'est-ce que vous avez donc, mon cher Colette? demanda le créole; vous semblez soucieux.

— Je vous l'avoue, mon cher d'Antragues, répondit M. Colette en relevant la tête; je ne vois pas s'approcher le moment fatal, sans une certaine anxiété; je suis inquiet de mon beau-frère surtout. Depuis hier, vous savez qu'il a quitté la grotte des Montagnes Noires.

— En effet, il est sans doute allé à Jérémie, où l'appellent, vous ne l'ignorez pas, des affaires très pressantes et de très graves intérêts.

Le planteur hocha la tête.

— Vous ne connaissez pas Jules, reprit-il; c'est une nature de fer, ce qu'il a résolu, il l'exécute. Il n'existe en ce moment pour lui qu'une seule affaire pressante et un seul intérêt grave, venger sa femme et sauver son enfant.

— Réussira-t-il? murmura M. d'Antragues.

— Je l'espère, s'il n'est pas tombé dans quelque

guet-apens; car, je vous le répète, depuis hier il a disparu, et nul ne sait ce qu'il est devenu.

Le colonel écoutait cette conversation, le sourire sur les lèvres, tout en feignant, par bienséance, de ne rien entendre.

— Dites-moi, colonel, lui demanda subitement le planteur, vous avez vu, je crois, M. Chauvelin ce matin?

— Je l'ai vu, en effet, monsieur; j'ai eu l'honneur de causer avec lui assez longtemps à la maison nationale, en présence de Son Excellence le président.

— Comment, il a quitté le poste qu'il avait choisi à Léogane!

— Pour quelques heures seulement, monsieur; il doit être de retour maintenant à son quartier général; nous avons quitté ensemble Port-au-Prince.

— Il ne vous a donné aucune nouvelle de mon beau-frère?

— Aucune, monsieur; cependant, je prendrai sur moi de vous engager à vous rassurer sur son compte; quant à présent, du moins, il ne court aucun danger.

— Vous savez donc où il est?

— A peu près, de même que lui sait probablement où nous sommes.

— Et puis-je savoir?...

— Excusez-moi, monsieur, interrompit le colonel en saluant le planteur avec une exquise politesse j'ai l'ordre de garder le plus profond secret sur ce sujet, il m'est donc impossible de répondre à la question que vous me faites l'honneur de m'adresser.

— Je n'insiste pas, monsieur.

— Mais, continua le colonel, vous verrez bientôt

une personne qui vous donnera, je l'espère, tous les renseignements que vous désirez.

— Qui donc, colonel?

— M. Chauvelin.

— M. Chauvelin?

— Lui-même.

— Il viendra ici où nous sommes?

— Il arrivera probablement avant une demi-heure.

— Qu'est-ce que cela veut dire? fit le planteur d'un air pensif.

— Vous le saurez bientôt, monsieur.

— Je ne serais pas fâché non plus, par la même occasion, fit observer M. d'Antragues, de savoir ce que nous faisons ici et pourquoi on nous a priés de nous y rendre avec nos serviteurs armés, en nous plaçant sous vos ordres, mon cher colonel.

— Cela, je puis à peu près vous l'apprendre, répondit-il en souriant.

— J'en serai charmé, bien que je ne regrette nullement, croyez-le bien, d'être provisoirement votre subordonné, mon cher colonel.

— C'est moi, messieurs, qui suis au contraire honoré de la mission qui m'a été confiée par Son Excellence le président, et m'a mis en rapport direct avec vous.

— Vous disiez donc, mon cher colonel? reprit le jeune homme en s'inclinant poliment.

— Voici l'affaire en deux mots, messieurs. Vos serviteurs ne portant point d'uniforme, sont moins remarqués que des soldats par ceux qui ont intérêt à surveiller la plaine; voilà pourquoi on les a choisis pour occuper ce poste non seulement de confiance, mais encore d'observation.

— Très bien, mon cher colonel; seulement, je vous ferai observer que vous parlez littéralement comme parlait défunt le sphinx avant sa rencontre avec Œdipe, et que je ne comprends rien du tout à votre explication, si claire qu'elle puisse vous paraître à vous-même.

— Je le regrette vivement, répondit le colonel avec un charmant sourire; mais il m'est impossible, pour certaines raisons dont bientôt vous apprécierez toute la gravité, de la rendre plus lucide, en ce moment du moins.

— Je l'espère; mais quant à présent, mon cher colonel, ce que je vois de plus clair dans tout cela, c'est qu'on nous a, sans nous prévenir, métamorphosés en soldats, pour aider à l'exécution de certaines affaires dont nous ignorons complètement le but.

— Et qui, cependant, messieurs, vous touchent plus que vous ne le supposez.

— Vous croyez?

— J'en suis sûr, et bientôt vous aussi, messieurs, vous aurez cette certitude.

— Je le désire, car je vous avoue que rien ne m'irrite comme d'agir sans savoir pourquoi, et de marcher à l'aveuglette; je crains toujours de me briser les os en route; rien n'est aussi désagréable, n'est-ce pas?

Les trois hommes sourirent de cette boutade.

Il y eut un silence.

Le colonel se leva et commença à se promener

lentement de long en large, jetant des regards interrogateurs autour de lui et s'arrêtant parfois en penchant le corps soit à droite, soit à gauche, comme s'il eût écouté des bruits perceptibles seuls pour son oreille exercée.

Soudain, il porta deux doigts à sa bouche et imita avec une si rare perfection le cri rauque du gypaète que les deux créoles levèrent la tête croyant le vautour auprès d'eux.

Les nègres se levèrent aussitôt, saisirent leurs armes et bondirent au milieu des buissons où ils disparurent instantanément.

Ce mouvement fut exécuté avec une telle rapidité, un tel ensemble et en même temps une si grande légèreté, que pas une feuille ne bougea, par un brin d'herbe ne fut agité.

Toute trace de campement avait été effacée comme par enchantement; les trois hommes de couleur demeurèrent seuls en présence.

Les deux créoles échangèrent un regard de surprise; ils ne comprenaient rien à cette disparition subite.

— Que se passe-t-il? demanda le planteur avec inquiétude.

— Sommes-nous attaqués? ajouta M. d'Antragues.

— Chut! écoutez! fit le colonel.

Ils prêtèrent attentivement l'oreille.

Le bruit d'une course affolée à travers les halliers se faisait entendre distinctement et se rapprochait avec une rapidité extrême de l'endroit où ils se tenaient.

— C'est un taureau sauvage, dit le planteur

— Ou quelque sanglier.

— Silence! fit péremptoirement le colonel.

Et, saisissant à l'improviste, avec une vigueur extrême, les deux hommes par le bras, il les obligea à se coucher avec lui derrière l'énorme tronc du fromager qui les déroba immédiatement aux regards.

Presque aussitôt un craquement se fit dans les broussailles: deux hommes bondirent dans le ravin, le traversèrent avec une rapidité de bête fauve, grimpèrent la rampe escarpée qui leur faisait face, et s'enfoncèrent dans la forêt où le bruit de leur course précipitée diminua peu à peu et ne tarda pas à s'éteindre tout à fait.

— Maintenant, messieurs, dit le colonel en leur donnant l'exemple, relevez-vous et excusez-moi si je vous ai traités si brutalement; il y avait urgence, comme vous l'avez vu.

Il donna un nouveau signal, et les nègres reparurent aussitôt.

— Est-ce possible? s'écria M. d'Antragues: Floréal Apollon!

— Et Marcelin!

— En effet, vous ne vous êtes pas trompés, dit le colonel; ce sont bien ces deux hommes qui viennent de passer en courant devant vous.

— Je m'y perds, reprit le planteur. Floréal libre, conduit par Marcelin; Marcelin, dans lequel son maître avait une si grande confiance, qui le trahit et pactise avec un bandit!

— Suspendez tout jugement sur la conduite de cet homme, messieurs, croyez-moi, jusqu'à ce que vous soyez mieux informés, dit l'aide de camp d'un ton sévère.

— Mes yeux ne m'ont pas trompé, cependant, c'est bien lui que j'ai vu.

— Qu'importe cela, monsieur? Serait-ce donc la première fois que les apparences...?

— Oh! oh! interrompit le planteur ironiquement, vous nommez ce que nous avons vu des apparences, mon cher colonel?

— Vous reconnaîtrez bientôt que j'ai raison de parler ainsi, monsieur.

— J'en doute, reprit M. Colette avec un hochement de tête significatif.

— Quant à moi, dit le jeune homme avec insouciance, je donne ma langue aux chiens; tout ce qui m'arrive depuis quelque temps dans ce pays est tellement fantaisiste et fantastique, que je renonce complètement à deviner. Je ne suis même pas bien certain de ne pas faire un rêve; si je dors, on me réveillera, voilà tout.

Et il s'assit de nouveau sur le tronc du fromager.

A peine s'était-il commodément installé comme quelqu'un qui veut se livrer au sommeil, que le bruit d'une marche cadencée, comme si un grand nombre d'hommes s'approchaient, se fit entendre à une courte distance dans les broussailles et les halliers.

Il dressa l'oreille.

— Encore du nouveau?, dit-il.

— Ce sont des amis, répondit le colonel, qui était demeuré paisiblement appuyé contre un arbre à deux pas de là.

— Qu'ils soient les bienvenus, reprit gaiement le jeune homme. Pardieu! nous ferons échange de nouvelles.

Le bruit devint plus fort d'instant en instant, et bientôt une centaine de soldats entrèrent dans le ravin.

M. Chauvelin marchait tranquillement à leur tête.

Toute hésitation, toute apparence de timidité avait disparu du visage de l'agent supérieur de la police.

Bien qu'il fût sans armes, il allait calme, digne et résolu à quelques pas en avant des soldats, comme un homme qui sait qu'il a un grand devoir à accomplir, qui connaît toutes les conséquences probables, bonnes ou mauvaises, que l'exécution de ce devoir peut amener pour lui, et qui, cependant, les a acceptées quelles qu'elles soient, et a fait même le sacrifice de sa vie.

En apercevant les trois hommes, un sourire de satisfaction éclaira un instant le visage de M. Chauvelin; il fit arrêter sa troupe et s'élança vers eux en les saluant avec courtoisie.

Ceux-ci, de leur côté, étaient venus avec empressement à sa rencontre.

— Je suis bien heureux de vous voir ici, messieurs, leur dit-il.

— Quoique nous ignorions ce que l'on désire de nous, monsieur, nous n'avons pas hésité à obéir à l'ordre du président de la République, répondit le planteur.

— Le général Geffrard savait qu'il pouvait compter sur votre dévouement, messieurs, répondit l'agent supérieur avec un sourire courtois.

— Nous serait-il permis de vous adresser une seule question, monsieur? demanda M. d'Antragues.

— Comment donc, toutes les questions qu'il vous plaira.

— Mille remerciements; et vous nous répondrez, monsieur?

— Pourquoi pas?

— Dame, c'est que le colonel Daudin, qui, lui, est cependant aide de camp du président de la République, ne semble pas du tout disposé à nous répondre quand nous l'interrogeons.

— Le colonel a sans doute des motifs sérieux pour agir ainsi, reprit M. Chauvelin en souriant.

— C'est probable, et vous, monsieur, en avez-vous des motifs?

— Pourquoi faire, monsieur ?

— Pour ne pas nous répondre?

— Ma foi non; j'attends tout au contraire qu'il vous plaise de m'interroger, monsieur.

— C'est parfait alors. Nous désirons simplement savoir, mon ami et moi, pour quelle raison il a plu au président de la République de nous faire venir ici et de nous placer sous les ordres du colonel Daudin, dont les procédés sont, du reste, à part son mutisme obstiné, charmants pour nous, je me plais à le reconnaître.

— Monsieur, vous me comblez, dit en s'inclinant le colonel.

L'agent de la police supérieure sourit avec finesse.

— Voilà tout ce que vous désirez savoir? répondit-il.

— Mon Dieu, oui, monsieur, pas davantage.

— Le président, monsieur, est un homme d'une haute capacité, il n'agit jamais à la légère.

— Croyez-bien que je n'ai jamais eu le moindre doute à cet égard.

— Puisque vous le désirez si ardemment, je vais vous satisfaire.

— Enfin! firent les deux créoles.

M. Chauvelin se recueillit un instant, puis il reprit de l'air d'un homme profondément préoccupé et appelé tout à coup à révéler des faits de la plus haute importance:

— Sachez donc, messieurs, que la situation est très grave; l'ordre est menacé, une conspiration a été découverte.

— Une conspiration! s'écrièrent les deux créoles avec surprise.

— Oui, messieurs, reprit-il, une conspiration affreuse, dont le but cyniquement avoué par ses chefs est le vol et l'assassinat. Les Vaudoux ont fanatisé la basse classe de la population; les ambitieux, les gens sans aveu, les esprits remuants se sont réunis à eux; leur cri de ralliement est: Vive Faustin Soulouque!

— Soulouque! s'écrièrent les trois hommes avec une surprise mêlée d'épouvante.

— Ils l'ont pris pour drapeau, mais ils veulent seulement se servir de son nom. Les chefs du complot ont un projet horrible, insensé, qui fait frémir d'horreur tous les honnêtes gens; ce projet, le voici: ils prétendent établir la religion du Vaudou à Saint-Domingue, anéantir le christianisme, la loi, la morale, la famille, et mettre à leur place le culte de la couleuvre sacrée, ce fétichisme affreux et sanguinaire, dont le mot d'ordre est: Mort et extermination! et qui fait reculer d'épouvante les sauvages eux-mêmes.

— Mais tout cela est horrible! monsieur.

— Horrible en effet, messieurs, voilà pourquoi le gouvernement a fait appel à tous les honnêtes gens pour venir au secours de la société menacée dans sa base, se grouper autour de lui et l'aider à détruire ce nid de vipères.

— Connaît-on bien tous les chefs de ce complot atroce?

— Tous, oui, messieurs; et si nos mesures sont bien prises, pas un seul n'échappera au glaive vengeur de la loi.

— Pardon, monsieur, d'insister ainsi sur ce sujet terrible. Quels noms met-on en avant?

— Dix principaux: le colonel Brazier, aide de camp de président, le général Bonvolant, l'âme damnée de Faustin Soulouque, puis après une foule de gens de la basse classe. Parmi les plus redoutables on cite un certain Congo Pellé, Guerrier François et Julien Nicolas; tous ces brigands sont affiliés à la secte horrible des Vaudoux; et enfin le chef principal, le plus redoutable de tous, Floréal Apollon, le meurtrier, l'incendiaire, le roi Vaudou enfin, ce démon vomi par l'enfer, dans lequel, si la Providence nous vient en aide, nous espérons le faire rentrer bientôt pour n'en plus sortir.

— Floréal Apollon! s'écrièrent les deux planteurs avec épouvante; mais il n'y a qu'un instant cet homme a traversé l'endroit même où nous sommes, d'une course de tigre.

— Oui, il s'est échappé de prison depuis deux jours.

— Marcelin l'accompagnait, ajouta M. d'Antragues avec méfiance.

— Je connais cette particularité, répondit simplement l'agent supérieur de la police, mais d'un ton qui n'admettait pas de réplique.

Le jeune homme comprit qu'il était inutile de poursuivre ses insinuations à propos de Marcelin, il fit faire un crochet à ses interrogations.

— Quand cet effroyable complot doit-il éclater ? demanda-t-il.

— Cette nuit même, au premier coup de minuit, messieurs, mais le chef du gouvernement est instruit de tous les plans des conjurés, et si les honnêtes gens font leur devoir, les tigres seront surpris dans leur repaire avant même d'avoir eu le temps de commettre une seule des atrocités qu'ils méditent.

— En doutez-vous? monsieur.

— Non, je n'en doute pas; voilà pourquoi je n'ai pas voulu conserver de secrets pour vous, messieurs, Maintenant l'heure d'agir est venue, nous n'avons que tout juste le temps de prendre nos dernières mesures; les Vaudoux sont assemblés en grand nombre dans le lieu ordinaire de leurs réunions, une vaste clairière au pied même du piton de Curidas; il s'agit de les entourer de tous les côtés à la fois sans leur donner l'éveil, et de les prendre par un immense coup de filet.

— Nous sommes bien peu de monde pour tenter une aussi dangereuse entreprise avec quelques chances de succès, fit observer M. d'Antragues, en jetant un regard sur les vingt-cinq ou trente soldats arrêtés à quelques pas.

M. Chauvelin sourit.

— Croyez-vous ? dit-il.

— J'en ai la conviction. Les Vaudoux se défendront ; ce sont des tigres, des illuminés, des fanatiques enfin. La lutte sera terrible ; quoi qu'il arrive, je suis prêt, ainsi que mon ami et mes serviteurs, à vous suivre et à obéir à tous les ordres que nous recevrons de vous ; mais, je vous le répète, monsieur, les moyens dont nous disposons me semblent bien faibles pour que nous puissions nous bercer de l'espoir de voir notre expédition couronnée de succès.

— Jugez vous-même de l'état de nos forces, monsieur, répondit l'agent avec un sourire narquois : trois mille hommes résolus et fidèles, à la tête desquels s'est mis le général Geffrard en personne, sont embusqués dans cette forêt. Deux cents hommes placés sous les ordres de M. Duvauchelle, cachés dans les mornes, prennent les révoltés à revers et doivent à un signal donné, envahir leur repaire en escaladant le piton de Curidas.

— Mais le piton est inaccessible, monsieur.

— M. Duvauchelle l'escaladera, reprit froidement M. Chauvelin. Un autre détachement, composé de trois cent cinquante hommes environ, s'introduit dans ce moment même dans une grotte, le dernier et le plus redoutable refuge des Vaudoux ; notre détachement, enfin, fort de cent cinquante hommes environ, est destiné à opérer une diversion et à lancer s'il est nécessaire, les conjurés sur une fausse piste. De plus, à Léogane, à Port-Margot, à Port-de-Paix, à Jérémie, à Port-au-Prince, tous les conjurés, qui n'attendaient que le signal parti du sommet du morne pour se soulever, ont été un à un arrêtés ce soir même dans leurs maisons. L'expédition a été si habilement faite et conduite avec tant de secret, que l'éveil n'a été donné nulle part, et que, quand même il l'aurait été, il y a maintenant un cordon infranchissable établi autour du lieu de réunion des Vaudoux, de sorte qu'il est impossible que l'alarme leur ait été donnée. Pensez-vous que ces mesures soient bien prises, monsieur ?

— Certes, on ne pourrait agir avec plus de prudence.

— Et d'humanité, monsieur; car, grâce à Dieu, nous nous emparerons de tous ces misérables sans qu'une goutte de sang soit versée.

— Ceci est dans les mains de la Providence; en toute affaire, il faut compter avec le hasard et lui faire sa part.

— Nous l'avons pour nous.

— C'est mon plus ferme désir; mais j'ai bien peur qu'il ne vienne entraver ces audacieuses et habiles combinaisons. Du reste, quoi qu'il arrive, monsieur, nous saurons faire notre devoir.

— Voilà qui est parler, messieurs; je n'attendais pas moins de vous.

M. Chauvelin fit un signe; tous les soldats et les serviteurs de M. Joseph Colette saisirent leurs armes, prirent leurs rangs et se tinrent prêts à agir.

— Messieurs, reprit l'agent supérieur de la police en s'adressant d'une voix haute et ferme à tous les hommes réunis autour de lui, souvenez-vous que nous faisons une chasse au tigre, que la ruse doit nous servir encore plus que le courage; que pas une branche ne craque sous vos pieds, que pas une feuille ne tombe des arbres; il faut glisser, muets et silencieux comme des spectres, au milieu des ténèbres, afin de ne pas donner l'éveil à notre ennemi et de le surprendre dans son repaire. Vous m'avez bien compris? Maintenant, que chacun rampe au milieu des buissons, prêt à se servir de ses armes à mon premier signal. En avant, et que Dieu nous donne le succès!

Un mouvement rapide, bien que le plus léger bruit ne troublât pas le silence une seconde, s'exécuta aussitôt sur toute la ligne, et la troupe disparut, sombre, menaçante, résolue, au milieu des arbres pressés de la forêt.

Quelques minutes plus tard, la clairière, complètement abandonnée, retombait dans sa solitude et dans son silence ordinaires.

XXIII

Marcelin.

Nous abandonnerons pour quelques instants M. Chauvelin et ses braves soldats et auxiliaires, que, du reste, nous ne tarderons pas à rejoindre, et, faisant quelques pas en arrière, nous retournerons à Port-au-Prince, où, trois ou quatre jours auparavant, se sont passés certains événements fort graves et qu'il est important de faire connaître au lecteur.

Depuis deux jours déjà Floréal Apollon avait été conduit à Port-au-Prince par les planteurs et, sur l'ordre du général Geffrard, étroitement enfermé dans la prison.

M. Duvauchelle, à la suite d'une longue conversation avec le président de la république, était revenu tout pensif à la grotte des Montagnes-Noires, et, bien que pendant la route son beau-frère et son ami eussent fait d'incroyables efforts pour connaître les causes de son mécontentement ou bien plutôt de sa préoccupation, il s'était obstiné à ne rien leur dire, se contentant de répondre par des fins de non-recevoir à toutes les questions qu'ils lui adressaient.

Arrivé à la plantation, il se sépara de ses amis sans même consentir à s'arrêter un instant pour se reposer et se rafraîchir, et, après leur avoir serré la main en hochant tristement la tête, il tourna bride et il continua seul sa route.

Il était à peu près huit heures du soir; Floréal Apollon gisait au fond d'un cachot obscur, étendu sur une botte de paille, les deux pieds pris dans un cep en bois extrêmement lourd, les mains attachées par une chaîne de deux pieds de long qui lui laissait juste la liberté nécessaire pour porter à sa bouche la nourriture peu substantielle que, deux fois par jour, le geôlier lui apportait en rechignant, et plaçait près de lui d'un air bourru.

Une seconde chaîne très forte entourait sa ceinture et allait s'attacher à un anneau scellé dans le mur.

La lumière n'entrait dans cette prison que par une étroite lucarne doublement grillée et percée à dix pieds du sol; une cruche et un baquet composaient tout l'ameublement fort peu confortable de ce cachot.

Floréal Apollon, les yeux fixés sur la lucarne, semblait essayer d'apercevoir le ciel, ce qui lui était totalement impossible.

Il réfléchissait profondément.

Les derniers événements avaient en apparence glissé sur lui sans laisser de traces; son visage était toujours aussi farouche et aussi résolu, son œil sombre aussi rempli d'éclairs.

— Deux jours! murmura-t-il à voix basse; deux longs jours déjà, et pas de nouvelles des mornes, rien, pas un mot, pas un signe! M'auraient-ils oublié dans ce cachot? Oh! non, cela n'est pas possible; ils me sauveront; il faut qu'ils me sauvent! Que feraient-ils sans moi? Que deviendraient-ils? Je tiens seul tous les fils de la conspiration; je puis les livrer, les antraîner dans ma perte, ils le savent. Pourquoi n'agissent-ils pas? Supposent-ils donc que je suis mort?

En ce moment, le bruit d'un pas traînant qui se rapprochait lentement parvint jusqu'au prisonnier.

— Qu'est-ce cela? reprit-il avec un violent battement de cœur. Je n'attends plus de visite; que vient faire le geôlier à cette heure?

On s'arrêta devant la porte.

Deux hommes s'entretenaient à voix presque haute.

Floréal se redressa sur le coude et prêta attentivement l'oreille.

— Il faut que vous soyez rudement protégé tout de même, vous, pour avoir obtenu de voir le prisonnier, disait un individu dans lequel Floréal reconnut le geôlier. Est-ce que par hasard vous êtes son parent?

— Non; je suis son ami, répondit d'une voix railleuse le second interlocuteur.

Floréal fit un bond de surprise.

— Marcelin! Marcelin vivant! ici! dans cette prison! si tard! murmura-t-il; qu'est-ce que cela signifie?

Et il redoubla d'attention.

— Vous savez, camarade, qu'on ferme la prison à dix heures, reprit le geôlier, et que par conséquent vous ne pouvez demeurer plus tard auprès du prisonnier.

— Vous viendrez me chercher lorsqu'il en sera temps.

— Vous savez aussi que je vais vous enfermer avec lui, c'est la consigne.

— Cela m'est égal, pourvu que vous me laissiez votre fanal.

— Hum!... je ne sais trop si je dois y consentir.

— Pardi, ne voulez-vous pas que je me rompe le cou dans l'obscurité? Merci, alors; j'aime mieux ne pas entrer et aller demander une autorisation.

— Après cela, vous avez raison, il faut que vous voyiez clair. Tenez la lanterne pendant que j'ouvrirai la porte.

— Donnez.

Floréal Apollon entendit la clef tourner dans la serrure, les verrous grincer dans leurs gâches; il se laissa aussitôt retomber sur sa botte de paille et ferma les yeux.

La porte s'ouvrit: deux hommes entrèrent.

— Je crois qu'il dort, gromela le geôlier en portant l'âme de son fanal auprès du visage de son prisonnier.

— Je l'éveillerai, soyez tranquille, ne vous inquiétez pas de cela.

Le geôlier, toujours en marmottant entre ses dents, accrocha la lanterne à un clou planté dans la muraille.

— Bien du plaisir, dit-il d'un air de mauvaise humeur en sortant.

— Ne m'oubliez pas ici, hein? lui dit Marcelin en riant; l'endroit n'est pas gai.

— Bon! bon! on viendra, n'ayez pas peur.

Là-dessus il sortit, referma et verrouilla la porte avec soin, puis il s'éloigna lentement.

Marcelin, l'oreille appuyée contre la serrure, demeura immobile, écoutant le bruit de ses pas jusqu'à ce que ce bruit se fût complètement éteint; puis il poussa un soupir de soulagement et se retourna.

Floréal s'était redressé et l'examinait attentivement.

— Ah! vous ne dormez plus? lui dit-il.
— Je ne dormais pas, répondit froidement le nègre.
— Tant mieux! alors vous avez tout entendu?
— Tout.

Marcelin se rapprocha du prisonnier.

— Tu n'es donc pas mort? lui dit le Vaudou avec un frémissement de haine.
— A ce qu'il paraît, puisque me voilà.
— Ah! je croyais cependant bien être débarrassé de toi.
— Vous vous êtes trompé, fit-il avec un sourire ironique.

Il y eut un silence pendant lequel les deux hommes s'examinèrent à la dérobée.

Marcelin se détourna en haussant les épaules avec dédain.

— Je te croyais plus fort, dit-il avec mépris.
— Que viens-tu faire ici? lui demanda le noir.
— Vous sauver.
— Toi?
— Cela vous étonne?
— Certes; n'es-tu pas mon ennemi?
— Vous avez dit vrai, je suis votre ennemi; et pourtant, je vous le répète, je viens vous sauver.
— Je ne te comprends pas.
— Vous allez me comprendre. Je suis votre ennemi, parce que vous avez manqué à la parole que vous m'aviez donnée, que vous m'avez tendu un piège et que, si vous ne m'avez pas tué, c'est que vous ne l'avez pas pu.
— C'est vrai, mon seul regret est de n'avoir pas réussi.

— Merci; il vaut mieux pour vous et pour moi qu'il en soit ainsi, puisque me voilà prêt à vous sauver.

Floréal hocha la tête.

— On ne sauve pas ses ennemis, dit-il d'une voix creuse.

— Pas ordinairement, j'en conviens; mais il y a quelquefois des exceptions, et la preuve, c'est que je suis ici et que, je vous le répète, je viens vous sauver.

— Je ne te crois pas.

— Vous avez tort, car il ne dépend que de vous d'être libre avant une heure.

Le Vaudou hocha la tête d'un air de doute, sans répondre à la proposition de Marcelin.

— Quels motifs te font agir?

— Un seul, mais il a été assez puissant pour me faire oublier un moment ma haine.

— Et ce motif?

— Avant tout je pose une condition à votre liberté.

— Une condition? Parle.

— Jurez-moi sur la couleuvre que, les devoirs sacrés qui réclament tous vos soins une fois accomplis, vous me donnerez une satisfaction loyale, d'homme à homme, de l'insulte que vous m'avez faite?

— Dis-moi d'abord pour quel motif tu essayes de me sauver?

— Je veux, avant de vous répondre, que, premièrement, vous me donniez la parole que j'exige de vous.

Floréal réfléchit un instant.

— Eh bien, soit! s'écria-t-il enfin. Au cas où j'accepterais la proposition que tu viens de me faire, je te jure sur l'honneur et sur la couleuvre sacrée que tu obtiendras de moi la satisfaction que tu désires!

— Loyale et homme à homme?
— J'ai juré; maintenant, parle.
— Je vous hais, ainsi que je vous l'ai dit; mais entre ma haine et vous il existe des liens indissolubles. Nous sommes frères, nous sommes *obis*, et tous deux nous portons le signe du *purrah;* mon devoir est donc tout tracé. Les serments du Vaudou me font une obligation, à laquelle je ne saurais me soustraire, de tout sacrifier pour vous faire libre. Ce n'est pas Floréal Apollon, l'homme qui a voulu m'assassiner et que je hais, que je sauve, non; c'est l'obi mon frère, le roi Vaudou mon chef. Vous libre. je reprendrai ma haine. M'avez-vous compris?

Il y eut un moment de silence; l'œil fixe et étincelant de Floréal était opiniâtrément rivé sur le visage du jeune homme, visage qui respirait le calme et la franchise.

— J'ai compris, dit-il lentement.
— Et quelle est votre résolution?
— J'accepte.

En effet, les raisons que Marcelin lui donnait étaient d'une incontestable vérité.

Son devoir d'obi lui ordonnait d'agir ainsi qu'il faisait; d'ailleurs, quelle trahison pouvait redouter Floréal?

Aucune.

Marcelin, pour se venger de lui, au cas où tel aurait été son désir, n'avait qu'une chose à faire, chose bien simple: l'abandonner à son sort.

Dans le nègre avait tout à espérer de l'intervention du jeune homme et rien absolument à craindre.

— C'est bien, répondit Marcelin. A l'œuvre alors.
— Quels moyens comptes-tu employer?
— Les moyens les plus simples sont les meilleurs.
— Mais encore?
— Nous partirons par le plus court chemin, c'est-à-dire par la porte.
— Explique-toi.
— Ecoutez-moi bien; voici mon projet: lorsque le geôlier rentrera pour me faire sortir, nous sauterons sur lui, nous le bâillonnerons et nous l'attacherons; puis vous prendrez son chapeau et sa couverture, je lui enlèverai ses clefs et nous le laisserons ici à notre place.
— Ce plan est fort simple, en effet; mais il y a une difficulté à laquelle tu sembles ne pas avoir songé.
— Laquelle? Je crois avoir tout prévu, au contraire.
— Regarde, dit-il en lui montrant les chaînes qui l'attachaient; crois-tu qu'il soit aisé de s'échapper avec ceci?
— N'est-ce que cela qui vous embarrasse? J'ai sur moi les outils nécessaires.
— Bien vrai? s'écria-t-il avec joie.
— Vous allez voir.

Marcelin retira de dessous sa ceinture un fort ciseau à froid, examina un instant le cep, puis fit une pesée sur le cadenas qui se rompit.

— Voilà pour les pieds, dit-il.

— Ah! s'écria le nègre en faisant un effort pour se redresser.

— N'allons pas si vite, papa Vaudou, reprit Marcelin en riant; d'ailleurs nous avons le temps. Laissez-moi faire.

— Quoi encore?

— Il reste deux cadenas à briser; ils ne résisteront pas plus que le premier.

— Brise-les donc alors, sans plus discourir, bavard insupportable.

— Du calme, mon maître, du calme; les choses ne peuvent pas marcher ainsi.

— Pourquoi cela?

— Parce que si je vous enlève vos chaînes, la première chose que vous voudrez faire, ce sera de vous lever, n'est-ce pas?

— Certes.

— Eh bien, vous vous trompez; il faut au contraire demeurer comme vous voilà, enchaîné par les mains et la ceinture.

— Traître! s'écria-t-il avec colère.

— Pas de gros mots, je vous prie; supposez-vous donc que le geôlier soit un idiot? Si, en ouvrant la porte, au lieu de vous voir comme vous êtes là, il s'aperçoit que vous êtes debout et enchaîné, croyez-vous qu'il entrera dans le cachot? Bien au contraire, il refermera la porte et appellera du secours; on viendra à son aide, et vous serez perdu et moi avec vous.

— C'est juste, je n'avais pas réfléchi à cela. Je te demande pardon, Marcelin.

— Bah! un mot ne signifie rien; je vais donc briser

les cadenas, mais à la condition que vous demeurerez là, étendu comme vous êtes.

— Sois tranquille, c'est convenu; quand le geôlier entrera, nous sauterons sur lui, nous l'étranglerons et nous enlèverons ses clefs.

— Nous lui enlèverons ses clefs, car il nous les faut; mais nous ne l'étranglerons pas, parce que cela est inutile et nous ferait perdre un temps précieux, et qu'en résumé ce n'est pas la faute de ce pauvre diable si vous vous êtes laissé prendre comme un oison. Son métier de geôlier est de fermer les portes, il les ferme; votre métier de prisonnier est de vous sauver, sauvez-vous et pas autre chose. Restez chacun dans sa spécialité, que diable!

— Mais s'il crie? s'il appelle?

— Alors ce sera une autre affaire; vous serez dans le cas de légitime défense, et quand il y va de la vie, tout est permis.

— Allons, soit, tu as raison, Marcelin, je ferai ce que tu voudras, répondit-il en se résignant bien à contre-cœur.

— Ça n'est pas malheureux; quelle sotte manie vous avez, vous, de toujours vouloir tuer les gens!

— J'ai tort, te dis-je.

— Je dois vous avertir que j'ai sur moi deux pistolets et deux poignards.

— Pourquoi me dis-tu cela? demanda-t-il en lui jetant un regard louche; crois-tu donc que je cherche à te jouer un mauvais tour?

— Nullement, mon camarade, répondit le jeune homme avec un sourire railleur; je vous donne cet avis tout simplement dans votre intérêt à vous-même.

— Dans quel but.

— Parce que tant que nous serons dans la ville nous courrons grand risque d'être repris, n'est-ce pas? Eh bien, il est bon que nous soyons en état de nous défendre.

— Tu as raison encore.

— J'ai raison toujours.

— Ainsi tu me remettras un pistolet et un poignard?

— Non, un poignard seulement.

— Pourquoi pas un pistolet aussi?

Marcelin le regarda d'une si singulière façon que, malgré lui, Floréal baissa les yeux.

— Parce que, reprit Marcelin, dans les ténèbres une balle s'égare facilement, et je ne veux pas courir le risque d'être tué par vous sans que pour cela ce soit de votre faute.

— Quelle pensée, Marcelin! dit le nègre d'un air bonhomme.

— J'ai tort, je le sais bien; mais que voulez-vous, c'est plus fort que moi, j'ai horriblement peur d'un malentendu entre nous; et puis la prudence est la mère de la sûreté, dit la sagesse des nations.

— Tu feras ce que tu voudras.

— J'y compte bien; mais assez causé maintenant, le geôlier ne va pas tarder à revenir. Voyons vos mains.

Floréal Apollon avança les bras sans répondre.

Le cadenas sauta avec la même facilité.

— A la ceinture maintenant, dit-il.

Le cadenas de la chaîne n'opposa pas plus de résistance que les deux autres.

Floréal se trouva libre.

— Ne bougez pas, surtout! lui recommanda Marcelin.

— Sois tranquille, je profiterai de ton avis; il est bon.

En effet, le nègre ne fit aucun mouvement en apparence; il paraissait enchaîné.

Quelques minutes s'écoulèrent pendant lesquelles les deux hommes demeurèrent immobiles sans échanger une parole.

Ils réfléchissaient; cependant ils ne se perdaient pas de vue; ils ressemblaient à deux tigres aux aguets.

Enfin le pas traînant du geôlier se fit entendre au dehors.

Floréal Apollon tressaillit; il fit un geste involontaire.

— Attention, lui dit Marcelin en se penchant à son oreille, un mouvement nous perdrait tous deux; soyez prudent sur votre vie.

Le nègre lui répondit par un signe de tête.

Marcelin se rapprocha alors doucement de la porte.

— Eh compère! êtes-vous là? dit le geôlier du dehors.

— Pardi! où voulez-vous que je sois? répondit le jeune homme.

— Eh! eh! vous amusez-vous là-dedans? reprit-il en ricanant.

— Pas trop, je ne serais même pas fâché de m'en aller.

— Bah! vous n'avez donc pas causé avec votre ami.

— J'ai essayé, mais il paraît qu'il est de mauvaise humeur; il s'est obstiné à ne pas me répondre.

— Voyez-vous cela! Je le croyais plus poli.

— Ah çà! voulez-vous m'ouvrir, à la fin?

— Tout de suite, mon homme, tout de suite, grommela le geôlier.

Floréal Apollon entendit avec un indicible battement de cœur la clef tourner en grinçant dans la serrure et le bruit des verrous qu'on tirait les uns après les autres; il lui fallut toute la puissance qu'il possédait sur lui-même pour qu'il réussît à demeurer immobile.

La porte s'ouvrit enfin.

— Allons, allons, me voilà, dit le geôlier en entrant, me voilà...

Il n'acheva pas; Marcelin lui sauta à la gorge et le renversa sur le sol.

En un instant le pauvre diable se trouva bâillonné et ficelé comme une carotte de tabac, et par conséquent dans l'impossibilité de faire un geste ou d'appeler à l'aide.

— Vivement, dit Marcelin, la couverture, le chapeau.

Floréal ne se fit pas répéter la recommandation, déjà le déguisement était opéré.

— Maintenant, en route! dit Marcelin en décrochant le fanal.

Ils sortirent.

Floréal fit un mouvement pour s'élancer.

— Etes-vous fou, papa Vaudou, lui dit le jeune homme en le retenant d'une main vigoureuse, refermons la porte d'abord, puis vous tiendrez le fanal et vous marcherez doucement devant moi; ne savez-vous pas que c'est vous qui êtes le geôlier maintenant?

— C'est juste, dit Floréal en s'arrêtant.

Marcelin referma la porte, puis il remit le trousseau de clefs et la lanterne à Floréal.

— Partons, dit-il; surtout ne nous pressons pas et montrons du sang-froid.

Ils traversèrent les longs corridors de la prison sans être inquiétés; les quelques personnes qu'ils rencontrèrent sur leur pasage ne firent pas attention à eux et ne les regardèrent seulement pas. Les sentinelles saluaient le jeune nègre en riant, Marcelin leur rendait leur salut avec la plus entière désinvolture.

C'était charmant: jamais évasion ne s'était accomplie dans des conditions si agréables.

Ils atteignirent enfin la porte d'entrée, à chaque côté de laquelle se tenait un factionnaire, l'arme au bras.

Marcelin s'arrêta, et se tournant vers Floréal, qui humait l'air comme une bête fauve et jetait autour de lui des regards farouches:

— Eh! père Coco Giron, lui dit-il en riant, laissez là vos clefs et votre lanterne, votre service est fini à présent que vos oiseaux sont couchés; nous ne nous quitterons pas sans boire un verre de tafia chez maman Candide, ici près; vous avez été complaisant pour moi, vieux père, et je tiens à bien faire les choses avec vous.

— Tout de même, murmura Floréal, qui comprit son intention.

Il déposa alors le trousseau de clefs et la lanterne

au pied de la porte et il suivit lentement le jeune homme.

— Vieux soiffard de père Coco, va! dit en riant un des factionnaires.

Floréal jugea inutile de répondre.

Les deux hommes sortirent de la prison, toujours de leur pas mesuré et tranquille, et ils gagnèrent la rue.

Ils continuèrent ainsi pendant quelques minutes encore, tournèrent dans la rue la plus prochaine, puis dans une autre; alors, sans affectation, ils doublèrent le pas.

Un quart d'heure plus tard, ils sortaient de la ville et se trouvaient en rase campagne sans avoir été inquiétés.

Alors ils se lancèrent à toute course dans la direction des mornes.

Floréal était sauvé.

Quelques instants après le départ des deux hommes de la prison, le geôlier s'était relevé; il avait jeté ses liens et était sorti du cachot, dont la porte n'était que poussée, en murmurant, tout en se tâtant le cou, les épaules et les côtes, d'un air de mauvaise humeur:

— Je sais bien que c'était convenu; mais ce drôle de Marcelin aurait dû serrer moins fort, que diable!

Marcelin avait-il acheté le geôlier? Nous l'ignorons.

Cependant tout porte à croire qu'il existait entre eux une connivence secrète.

Maintenant, pour quel motif Marcelin, qui avait tant de raisons pour haïr Floréal Apollon et qui en réalité le haïssait, s'était-il ainsi dévoué pour le sauver?

C'est ce que sans doute nous apprendrons bientôt. Marcelin était un homme beaucoup trop sensé pour agir à la légère, surtout dans une circonstance aussi grave.

XXIV

Le sacrifice humain.

Après s'être ainsi miraculeusement échappés de la prison de Port-au-Prince, deux jours s'écoulèrent, pendant lesquels Marcelin et Floréal Apollon ne se quittèrent pas une seconde.

Malgré le service éminent que lui avait rendu le jeune nègre et le dévouement sans bornes qu'il lui avait montré en risquant sa vie pour sauver la sienne, cependant Floréal semblait éprouver pour lui une répulsion instinctive, une défiance que rien ne justifiait à ses yeux, mais qui cependant l'engageait à surveiller avec la plus grande attention les moindres actions du jeune homme, bien que, en toutes circonstances, il lui témoignât ostensiblement les plus grands égards et qu'il le consultât à chaque instant sur les mesures à prendre pour assurer le succès de la conspiration qui, ainsi que nous l'avons dit plus haut, devait éclater dans la nuit du 25 au 26 décembre, dans toute l'île à la fois.

De son côté Marcelin, soit qu'il se fût aperçu de la défiance secrète que Floréal Apollon avait pour lui, soit pour tout autre motif que nous ignorons, était triste, morose, inquiet, rêveur, et semblait en proie à de tristes pressentiments.

Cependant il s'efforçait de cacher au fond du cœur

ce qu'il éprouvait et de faire bon visage à son compagnon, auquel il prêtait l'appui le plus actif dans toutes les démarches auxquelles celui-ci était contraint pour la grande réunion annuelle, réunion qui, cette fois, devait avoir une immense portée et une signification terrible, puisqu'elle devait servir de signal à l'insurrection.

Une seule fois, ce fut dans la matinée du 25, pendant dix minutes à peu près, Marcelin réussit à échapper aux regards soupçonneux du terrible roi Vaudou; voici comment:

Ils venaient de quitter Jérémie, où ils avaient été avertir certains de leurs affiliés, et prenaient à travers champs la direction du Grand-Fond; Marcelin aperçut un fouillis épais de goyaviers, et comme il avait fait une longue course en plein soleil et que sans doute il avait soif, le jeune homme s'arrêta pour cueillir quelques-uns des fruits rafraîchissants qui pendaient en grand nombre aux arbres.

Comme le sentier qu'ils suivaient était très étroit, ils étaient forcés de marcher l'un derrière l'autre. Soit par hasard, soit pour tout autre motif, Marcelin marchait à quelques pas derrière Floréal Apollon; il cueillit des goyaves qu'il commença à manger; mais, tout en cueillant et en mangeant, il prit un mouchoir de coton qu'il avait dans sa poche, luxe extraordinaire pour un nègre, le roula, y fit trois nœuds et le jeta précipitamment au milieu des broussailles.

Presque aussitôt Floréal le rejoignit.

N'entendant plus le pas du jeune homme derrière lui, il avait retourné la tête et était revenu sur ses pas pour le chercher.

Il l'aperçut en train de manger tranquillement; il ne dit rien et fit comme lui.

Lorsqu'ils se furent suffisamment repus, ils reprirent leur route un instant interrompue.

A peine s'étaient-ils éloignés que les buissons s'écartèrent doucement. Un homme sortit des halliers qui bordaient la route en cet endroit, regarda attentivement autour de lui, et, ne voyant personne, il se baissa vivement et ramassa le mouchoir qu'il examina avec soin avant de le faire disparaître sous ses vêtements.

Cet homme était M. Jules Duvauchelle, le maître de Marcelin.

Le même jour, vers sept heures du soir, les Vaudoux, hommes et femmes, commencèrent à affluer de tous les côtés à la fois au lieu habituel des assemblées; ils venaient isolément, par deux, par quatre, par trois, par cinq, parfois davantage; tous étaient armés, suivant leur condition ou leur fortune; les uns avaient de longs couteaux, des sabres, d'autres des fusils, des pioches, des haches; quelques-uns même ne portaient que des bâtons ferrés.

Le secret de la prise et ensuite de l'évasion de Floréal avait été si soigneusement gardé par le gouvernement haïtien que rien n'avait transpiré parmi la population.

Les Vaudoux ignoraient donc complètement à quels dangers terribles leur roi avait été exposé, Floréal Apollon ayant jugé inutile, afin de ne rien perdre de son prestige parmi ses affiliés, de leur faire part de son arrestation.

Ces gens se rendaient donc à la réunion à laquelle

ils étaient convoqués, avec la plus grande confiance et la plus complète sécurité.

Ils comptaient, tant leurs mesures semblaient bien prises, être assurés d'un succès éclatant.

Bientôt plus de quinze cents Vaudoux se trouvèrent rassemblés au pied du piton de Curidas, disséminés par petits groupes, causant entre eux avec animation de la révolte qui devait éclater la nuit même et attendant avec impatience que la cérémonie préparatoire commençât.

Floréal Apollon était absent.

Seule Roséide Suméra, la maman ou la reine Vaudou, se tenait immobile et calme au pied de la cage où était renfermée la hideuse et redoutable couleuvre sacrée.

A côté d'elle, deux malheureux enfants de quatre à cinq ans, bâillonnés et étroitement garottés, étaient étendus sur le sol, se tordant avec des tressaillements nerveux et poussant des gémissements sourds et inarticulés, auxquels personne, parmi toute cette foule inquiète, ne semblait prêter la moindre attention.

Non loin de là se trouvait une table chargée de bananes épluchées et de patates; sur un feu ardent, une chaudière pleine d'eau était pendue par une chaîne.

De distance en distance, quelques feux étaient allumés et éclairaient cette scène digne du crayon si railleusement humoristique de Callot.

Un silence profond régnait dans l'assemblée.

Tout à coup un coup de *bamboula* résonna sec et strident.

La cérémonie allait enfin commencer.

Au même instant, deux hommes parurent et se placèrent auprès de la cage.

Ces deux hommes étaient, l'un Floréal Apollon, le roi Vaudou, et l'autre Marcelin, l'*obi*, chef suprême du *purrah*, et reconnu comme tel parmi les affiliés.

Marcelin, malgré tous ses efforts pour paraître froid, calme, était agité de tressaillements nerveux; son visage avait une teinte cendrée et ses yeux lançaient parfois des regards inquiets autour de lui.

Il n'avait rien changé à son costume ordinaire; seulement, en sa qualité d'obi, il portait un large ruban bleu en sautoir.

Au signal donné par le bamboula, les affiliés s'étaient en toute hâte formés en demi-cercle devant les deux chefs.

Floréal leva son sceptre; un second coup de bamboula résonna plus fort que le premier.

Le cercle des Vaudoux se rétrécit alors autour de la cage, sur laquelle monta aussitôt Floréal Apollon, tandis que Roséide Suméra d'un côté, et Marcelin de l'autre, posaient la main sur la cage, comme pour la soutenir.

Le roi Vaudou promena un regard fascinateur sur l'assemblée qu'il dominait complètement de la position élevée qu'il occupait, et un sourire de triomphe illumina sa sombre physionomie à la vue du grand nombre de sectaires dévoués qui l'entouraient.

— Fils de la couleuvre, dit-il d'une voix qui fut entendue de tous, tant était grand le silence qui régnait dans l'assemblée, c'est aujourd'hui le vingt-cinq décembre, un des jours les plus saints de notre toute-puissante religion. Tous les ans à pareille époque, nous nous rassemblons ici et nous célébrons cette fête par un sacrifice qui est agréable à notre dieu Vaudou; cette année, notre réunion a un double but, puisque non seulement nous célébrons le grand et sacré mystère de la couleuvre, mais que cette nuit même le signal de notre émancipation partira du piton de Curidas, au pied duquel nous sommes; ce signal courra comme un serpent de feu sur toute l'île, en appelant nos frères aux armes, pour renverser enfin un gouvernement inique et oppresseur, et le remplacer par le *purrah!* la sainte et redoutée religion de nos pères africains.

Des cris d'enthousiasme interrompirent l'orateur.

Floréal fit un geste.

Le silence se rétablit comme par enchantement dans la foule anxieuse et avide d'entendre.

Le roi Vaudou continua:

— Cette année, ce n'est pas un seul sacrifice que nous offrirons à notre dieu, mais deux; un au commencement de la cérémonie, un autre à la fin; puis, lorsque nous aurons accompli tous les rites du Vaudou en nous partageant et en mangeant la chair de nos victimes, nous fondrons comme un vol de vautours sur les habitations de nos tyrans, aux cris de Liberté et de Vaudou! et nous serons sans pitié pour eux comme ils l'ont été pour nous.

— Liberté! Vaudou! Liberté! Vaudou! hurlèrent les affiliés avec un enthousiasme frénétique.

Un coup de bamboula retentit.

Les Vaudoux se placèrent aussitôt sur une seule ligne.

En ce moment un homme s'approcha respectueusement de Floréal Apollon, se pencha à son oreille et lui dit quelques mots à voix basse.

Cet homme était le colonel Brazier, l'aide de camp du président de la république; ses vêtements étaient en désordre et déchirés par les ronces et les épines; son visage couvert de sueur: il semblait avoir fait une course longue et rapide.

Floréal l'écouta, puis il lui répondit avec un sourire de dédain:

— Vous êtes fou, colonel; le président Geffrard ne se doute de rien, j'en suis certain; toutes les troupes sont tranquillement, à cette heure, couchées dans leurs casernes; mais leur réveil sera terrible.

— Je vous jure sur l'honneur, Floréal, que ces renseignements sont positifs, reprit le colonel avec insistance; au contraire, non seulement toutes les troupes sont sur pied, mais encore elles cernent le morne.

— Je vous répète, colonel, que vous êtes un fou ou un traître, dit Floréal avec hauteur; j'arrive à l'instant de la plaine et je n'ai rien vu de suspect; cependant mes yeux sont aussi bons que les vôtres, je suppose. Puis, se tournant vers le jeune homme: Quel est votre avis, Marcelin? lui dit-il; vous étiez avec moi.

— Mon avis est que le colonel se trompe, répondit froidement le jeune homme; les soldats ne peuvent ni se terrer comme les lièvres, ni se submerger comme les poissons. S'ils avaient été où le colonel prétend qu'ils se trouvent, ils auraient tenté de nous barrer le passage lorsque nous sommes revenus ce soir au piton, et par conséquent nous les aurions vus.

— Vous vous repentirez de votre obstination, Floréal, dit tristement le colonel.

— Soit, monsieur, j'en subirai les conséquences; plus un mot à ce sujet, je vous prie.

— Je vous obéis, répondit-il avec un imperceptible mouvement d'épaules, et, sans ajouter une seule parole, il s'éloigna, la tête basse et le front pensif.

— Que la cérémonie commence, ordonna Floréal Apollon en levant pour la seconde fois son sceptre.

Aussitôt la bamboula commença à battre la mesure.

Tous les affiliés s'ébranlèrent ensemble, et, selon leur coutume, ils firent deux fois le tour de la cage qui renfermait la couleuvre, en chantant l'hymne sacrée:

> A la bombala bombé
> Lama samana quana
> E van vanta
> Vana docki

Puis, le chant bizarre terminé, les affiliés reprirent leur première position en face de la cage et gardèrent un profond silence.

Ils attendaient.

Alors commença une scène horrible que notre plume se refuserait à retracer, si cet acte odieux de cannibalisme n'était pas rapporté tout au long dans le compte rendu du *Moniteur haïtien* du samedi 20 et du samedi 27 février 1864, lors du jugement, à Port-au-Prince, de cette épouvantable affaire.

— Enfants de la couleuvre, s'écria tout à coup Floréal d'une voix stridente, implorons le dieu Vaudou, et, pour qu'il nous soit propice, que le sacrifice s'accomplisse.

— Le sacrifice! le sacrifice! s'écrièrent les Vaudoux.

L'hymne fut repris en chœur et la procession recommença.

Plusieurs individus, sans doute désignés d'avance, sortirent alors des rangs, s'approchèrent des deux chefs et entourèrent silencieusement la table.

Ces individus étaient François Guerrier, Congo Pellé, Jeanne Pellé, Julien Nicolas, Néréine François, Beyard Prosper.

— L'enfant! dit froidement Floréal, qui était descendu de dessus la cage.

Guerrier François se baissa aussitôt et prit dans ses bras celle des deux pauvres petites créatures qui se trouvait la plus rapprochée de lui.

Mais au moment où le Vaudou allait se relever, Marcelin, qui s'était mis un peu à l'écart et surveillait tous ses mouvements avec attention, s'élança vers lui, lui saisit le bras et le lui serra avec une force si grande que le misérable jeta un cri et lâcha l'enfant.

— Pas celle-là, lui dit Marcelin d'une voix sourde et menaçante.

Guerrier François, dompté par la douleur, obéit machinalement; il laissa retomber l'enfant et prit l'autre petite fille, sans réfléchir aux raisons que pouvait avoir le jeune homme pour agir ainsi qu'il le faisait.

Floréal Apollon s'approcha alors, et jeta un regard louche sur Marcelin:

— Pourquoi as-tu obligé François Guerrier à lâcher cette enfant? lui demanda-t-il d'une voix sourde et menaçante.

— Tu as la mémoire courte, roi Vaudou, répondit le jeune homme avec hauteur.

— Que veux-tu dire? je ne te comprends pas, reprit-il.

— Regarde cette misérable fille.

— Eh bien?

— Ne la reconnais-tu donc pas? n'est-elle pas à moi? ne m'as-tu pas juré que moi seul je la sacrifierais? Réponds! s'écria-t-il avec un accent de haine implacable.

— C'est juste, répondit froidement Floréal Apollon, trompé par l'expression du visage du jeune homme; j'avais oublié cette promesse, pardonne-moi.

Et il s'éloigna lentement et retourna auprès de la table.

Les Vaudoux, que l'action de Marcellin avait étonnés et qui commençaient à lui jeter des regards de défiance, complètement rassurés par cette explication qu'ils avaient entendue, poussèrent des cris de joie.

L'incident, grâce à la présence d'esprit du jeune homme, n'eut pas d'autre suite.

La cérémonie continua.

L'enfant destinée à être sacrifiée fut, en une seconde, dépouillée de tous ses vêtements, puis posée sur la table; François Guerrier la saisit par les pieds et la maintint immobile pendant que Floréal Apollon lui serrait les côtes et que Roséide Suméra, la reine Vaudou, l'étranglait en lui portant les mains au cou.

La pauvre petite créature eut une horrible agonie,

et elle expira dans d'atroces convulsions, sans que la plus légère expression de pitié apparût sur les traits hideux de ses féroces assassins.

Le cadavre fut aussitôt étendu sur la table après qu'on l'eût débarrassé du bâillon destiné à étouffer ses cris d'agonie.

Le bamboula résonnait à coups précipités, et les Vaudoux, de plus en plus excités, chantaient leur hymne en chœur, tout en tournant avec frénésie autour de la table.

Jeanne Pellé présenta alors un couteau au roi Vaudou ; celui-ci le prit, en examina froidement le tranchant, et d'un seul coup il fit sauter la tête de l'enfant, que Roséide Suméra saisit par les cheveux, et, en prononçant certaines paroles mystiques et inintelligibles, elle la jeta aussitôt dans la chaudière placée sur le feu avec des ignames et des patates.

Cependant Floréal Apollon ne s'en tint pas encore là.

Armé du couteau que lui avait remis Jeanne Pellé, il écorcha froidement le cadavre encore chaud et palpitant de l'infortunée créature, et lui fendit la poitrine ; puis, après avoir retiré le cœur, les poumons, les intestins, etc., il plaça le tout sur la table, et, aidé des individus que nous avons nommés, il commença à découper ce pauvre petit corps en morceaux de la grosseur d'une noix, tandis que Congo Pellé recevait soigneusement le sang écumeux dans un vase.

Cependant les chants et la procession duraient toujours.

Floréal Apollon leva son sceptre.

Le silence se rétablit et chacun resta immobile à la place qu'il occupait.

Le roi Vaudou, la reine et les personnes que nous avons nommées prirent alors chacun un morceau de viande et l'avalèrent, puis le vase rempli de sang circula et chacun but.

Les horribles convives de cet épouvantable festin e reculèrent alors, et, sur un geste de Floréal Apollon, ce fut le tour des autres affiliés qui se ruèrent sur la table, et, avec des cris et des rugissements de bêtes fauves, ils se disputèrent les restes palpitants et chauds encore de l'infortunée victime.

Mais comme cet infernal repas ne pouvait satisfaire la furie de toutes ces bêtes fauves qui avaient goûté au sang, ceux des Vaudoux qui avaient été les plus mal partagés demandèrent alors avec d'horribles rugissements que l'autre enfant fût sacrifiée à son tour.

— Soit, dit Floréal Apollon, qui semblait prendre un effroyable plaisir à augmenter encore la frénésie de ces cannibales. Congo Pellé, apportez l'autre victime.

On chercha la petite fille, mais ce fut en vain.

Pendant le tumulte qui avait suivi l'égorgement de la première enfant, la seconde avait disparu sans qu'on se fût aperçu de son enlèvement.

Il y eut un moment de stupeur parmi les Vaudoux.

— Enfants de la couleuvre, avons-nous donc des traîtres parmi nous? s'écria Floréal d'une voix terrible.

Et il lança un regard anneux sur les noirs groupés autour de lui.

Pendant ce temps, la tête de la petite fille, retirée de la chaudière, était dévorée par les Vaudoux.

— Où est Marcelin? reprit Floréal, dont l'œil lança un éclair.

Personne ne répondit.

Marcelin avait disparu, lui aussi.

Le roi Vaudou comprit tout; il poussa un rugissement de tigre.

— Ah! le colonel Brazier avait raison! nous sommes trahis! Aux armes! s'écria-t-il, aux armes!

— Le sacrifice! le sacrifice! hurlèrent les Vaudoux, que l'odeur du sang rendait fous et qui voulaient un nouveau repas de chair humaine.

Une confusion affreuse régnait dans l'assemblée, les Vaudoux ne voulaient entendre à rien.

C'était en vain que Floréal et ses principaux partisans essayaient de rétablir un peu d'ordre; le tumulte allait sans cesse croissant et prenait des proportions formidables.

A toutes les exhortations de leurs chefs les Vaudoux répondaient en hurlant avec délire:

— Le sacrifice! le sacrifice!

— Aux armes! s'écria de nouveau Floréal.

Et s'adressant au colonel Brazier, qui s'était rapproché de lui:

— Vous aviez raison, colonel, je le reconnais, lui dit-il avec douleur, nous sommes trahis. Le signal! allumez le signal! continua-t-il.

Le colonel s'élança.

Au même instant, des cris et des hourras terribles s'élevèrent et firent passer un frisson de terreur dans le cœur des plus résolus affiliés.

Le tambour battit la charge, le commandement de « feu! » se fit entendre.

Une décharge épouvantable éclata tout à coup, et un vent de mort passa sur les Vaudoux, dont plus de cent roulèrent pêle-mêle, foudroyés, sur le sol.

Toutes les troupes du gouvernement, le président Geffrard, l'épée à la main, en tête, apparurent alors sur la lisière de la forêt.

Les Vaudoux étaient complètement entourés.

— A la baïonnette! cria le président.

Les soldats se précipitèrent en avant et un épouvantable massacre commença.

— Tirez! tirez! pas de pitié! répétaient les officiers, saignez ces bêtes féroces.

On vit alors une chose affreuse et qui passe toute croyance:

Plusieurs Vaudoux en grand nombre, au lieu de chercher leur salut dans la fuite, se précipitèrent sur les corps de leurs compagnons mourants et se mirent, avec des cris de hyène, à boire le sang qui s'échappait de leurs blessures.

Ces misérables riaient d'un rire hébété et se laissaient tuer, sans lâcher prise, sur les corps de leurs victimes.

Cependant Floréal Apollon, après avoir fait des prodiges de valeur, car ce misérable était brave en somme et possédait le courage des bêtes fauves, voyant que la résistance était impossible et que la partie était bien réellement perdue pour lui, s'était frayé un sanglant sillon au plus épais des rangs ennemis et s'était élancé vers l'issue secrète et connue de lui seul, pensait-il, qui donnait accès dans son fort.

Mais au moment où il atteignait le pied du piton et allait faire jouer le ressort, le rocher tournant subitement sur lui-même faillit le renverser, et un flot d'hommes armés, à la tête desquels M. Duvauchelle et Marcelin, se rua sur lui à l'improviste.

— Traître! s'écria Floréal avec fureur.

Et levant son couteau, rouge encore du sang de la malheureuse victime qu'il avait immolée à sa rage sanguinaire, il se précipita sur le jeune homme.

Mais il ne put accomplir la vengeance qu'il méditait: accablé par le nombre, malgré sa résistance acharnée et ses efforts prodigieux, il fut terrassé, désarmé et mis en un clin d'œil dans l'impossibilité de nuire.

— Sur votre vie! ne le tuez pas, ordonna M. Duvauchelle.

Les soldats obéirent à contre-cœur et baissèrent leurs armes.

Le planteur se tournant vers le colonel Brazier, gardé par deux soldats: vous êtes mon prisonnier, lui dit-il.

— Vous vous trompez, répondit froidement le colonel.

D'un mouvement brusque il retira un pistolet de sa ceinture et il se fit sauter la cervelle.

— Tant mieux, murmura le planteur; ce misérable épargne de la besogne au bourreau.

Le massacre continuait toujours.

Les Vaudoux, épouvantés, ne se défendaient même plus; les soldats, de leur côté, ne se lassaient pas de tuer.

Le président Geffrard fit enfin sonner le ralliement et cesser le massacre.

Plusieurs centaines de cadavres affreusement mutilés gisaient sur le sol.

Les prisonniers étaient très peu nombreux. M. Duvauchelle n'en avait que deux, mais très importants: ces deux prisonniers étaient Floréal Apollon et Roséide Suméra, la reine des Vaudoux.

Les soldats n'avaient arrêté que trois personnes, deux femmes et un homme, François Guerrier, Jeanne Pellé et Prosper Beyar.

En ce moment, une troisième troupe de soldats fit son apparition dans la clairière.

Cette troupe était commandée par M. Chauvelin en personne; elle conduisait trois prisonniers: Congo Pellé, Julien Nicolas et Néréine François.

Par un hasard étrange, où l'on reconnaissait le doigt de la Providence, ces huit misérables étaient ceux-là même qui avaient accompli le meurtre de l'enfant de la malheureuse Claire — car c'était elle qui avait été sacrifiée — et qui avaient dévoré, toute palpitante, la plus grande partie des chairs de la victime.

Les prisonniers, solidement garrottés, furent placés sous bonne et sûre garde.

Avant que de donner l'ordre du départ et de quitter la clairière, théâtre de ces affreux événements, le président Geffrard voulut réunir, séance tenante, un conseil de guerre.

— Messieurs, dit-il, lorsque tous les officiers et les planteurs furent groupés autour de lui, écoutez bien mes paroles et surtout faites-en votre profit ajouta-t-il avec une intention marquée. Il n'y a eu ici aucun complot politique. Que penseraient de nous les nations civilisées si elles pouvaient un instant supposer que nous avons été pendant une heure seulement presque à la merci d'être sauvages et dégradés tels que ceux dont nous venons de détruire l'infâme repaire? On nous croirait revenus aux plus mauvais jours de la barbarie; donc vous me comprenez bien, il n'a jamais existé de complot contre le gouvernement. Nous avons simplement donné la chasse à une troupe de cannibales vomis sans doute par l'enfer, mais qui, heureusement, forment l'infime minorité de la population; voilà ce que j'exige que l'on dise, ce que je veux que l'on sache, dit-il d'une voix brève en appuyant avec force sur ses paroles, tout en promenant un regard clair sur ses auditeurs; vous me comprenez, n'est-ce pas, messieurs? ajouta-t-il sèchement.

Les officiers comprenaient, en effet, l'importance de la recommandation qui leur était faite; ils assurèrent le président de leur silence absolu et de leur complète obéissance.

Le général Geffrard reprit :

— Le procès des misérables dont nous nous sommes emparés doit être fait en ce sens; il sera assez pénible pour notre pays d'avouer le fait, hélas! trop prouvé de cannibalisme, sans révéler l'horrible vérité. C'est donc bien entendu, messieurs; pas un mot, pas une allusion: que cet épouvantable secret demeure entre nous.

Les assistants s'inclinèrent une seconde fois et répondirent par un respectueux signe d'obéissance. Nous l'avons dit déjà, comme le chef de la république, ils avaient compris l'horreur qu'inspirerait en Europe une si épouvantable affaire, la réprobation qu'elle soulèverait contre la république haïtienne, où de telles atrocités étaient possibles en plein dix-neuvième siècle, et, par conséquent, la nécessité pour eux de garder le silence et d'étouffer le plus possible le retentissement de cette effroyable affaire.

Les troupes reprirent ensuite le chemin de Port-au-Prince, après avoir saccagé et détruit complètement le repaire des Vaudoux et enterré les cadavres.

L'instruction de cet affreux procès marcha vite: le 4 février 1864, les débats commencèrent contre les huit prisonniers; ils furent fermés le 5 du même mois.

Ils avaient duré deux jours seulement.

Tous les accusés furent condamnés à mort.

Ils n'avaient même pas cherché à se défendre; ils avaient avoué toutes les circonstances de leur crime avec une impassibilité qui témoignait, autant que ce crime même, de leur stupidité et de leur fanatisme.

Les huit condamnés, parmi lesquels il y avait quatre femmes, furent, quelques jours plus tard, fusillés sur la place publique du cimetière extérieur de Port-au-Prince.

Grâce aux précautions ordonnées par le chef du gouvernement, les journaux européens, même les mieux renseignés, furent complètement pris pour dupes; trompés par leurs correspondants, ils confondirent les Vaudoux avec des malfaiteurs isolés; et le crime épouvantable de cannibalisme dont ils s'étaient rendus coupables fut supposé être l'acte de quelques misérables abrutis par la misère, l'ignorance et le fanatisme, et ils chantèrent très haut les louanges du peuple haïtien qui, libre depuis un demi-siècle à peine, avait su, en si peu de temps, conquérir une place parmi les nations civilisées, etc., etc., etc.

Hélas! c'est ainsi que trop souvent on écrit l'histoire!

Heureusement que la vérité finit toujours par percer et éclater enfin au grand jour!

L'histoire que nous achevons de raconter, et qui est d'une rigoureuse exactitude, en est la meilleure de toutes les preuves.

....
....

La pauvre petite Marie, que Marcelin avait sauvée par miracle et au péril de sa vie, fut fort longtemps à se remettre: la commotion qu'elle avait éprouvée était tellement forte que longtemps son père désespéra de la conserver; enfin, grâce aux soins dont elle fut entourée, elle reprit peu à peu la santé; mais il lui resta un fond de mélancolie étrange dans un âge aussi tendre; et depuis cet affreux événement, jamais le sourire ne s'épanouit sur ses lèvres roses.

Vers la fin de mai, M. d'Antragues épousa Mlle Angèle Colette.

Les deux époux quittèrent Haïti huit jours après leur mariage; ce pays leur faisait horreur.

M. Duvauchelle les suivit à la Martinique, où il se fixa près d'eux. Marcelin et sa mère l'accompagnèrent, non pas comme serviteurs, mais comme amis; M. Duvauchelle leur avait assuré une modeste aisance.

Cette récompense leur était bien due.

Comme l'hôte français de M. Colette, voyant sa

tristesse et son découragement, l'engageait, lui aussi, à abandonner Saint-Domingue:

— Où irai-je? lui répondit le planteur en hochant la tête avec mélancolie. Malgré tout ce que disent les négrophiles européens, ignorez-vous les préjugés de caste qui existent partout contre nous, même en Amérique? Ne suis-je pas un homme de couleur? un mulâtre enfin!

— Je connais un pays où ces préjugés n'existent pas.

— Lequel? s'écria-t-il vivement.

— La France. Là, mon ami, il n'y a ni noirs, ni blancs, ni rouges; on ne trouve que des hommes, des frères.

— C'est vrai, repondit-il avec un sourire triste; mais c'est bien loin la France, et notre ciel est si beau!

Là-dessus, les deux hommes se serrèrent une dernière fois la main, et ils se séparèrent pour toujours, à moins que Dieu en ordonne autrement.

LE LIVRE POPULAIRE

Volumes Parus

1. Chaste et Flétrie, par Charles Mérouvel.
2. Le Crime d'une Sainte, par Pierre Decourcelle.
3. La Corde au Cou, par Emile Gaboriau.
4. Aimé de son Concierge, par Chavette.
5. Le Péché de la Générale, par Charles Mérouvel.
6. Mignon, par Michel Morphy.
7. La Femme de Feu, par Belot.
8. Les Noces de Mignon, par Michel Morphy.
9. Aveugle, par Pont-Jest.
10. Le Bossu, par Paul Féval.
11. Le Chevalier de Lagardère, par Paul Féval.
12. Mortel Amour, par Charles Mérouvel.
13. La Chambre d'Amour, par Pierre Decourcelle.
14. Le Petit Muet, par Henri Kéroul.
15. Le Dossier n° 113, par Emile Gaboriau.
16. Borgia! par Michel Zévaco.
17. Les Filles du Saltimbanque, par X. de Montépin.
18. La Môme aux beaux yeux, par Pierre Decourcelle.
19. Le Péché de Marthe, par Paul Bertnay.
20. Le Capitaine Fantôme, par Paul Féval.
21. La Fille sans nom, par Charles Mérouvel.
22. Les Pardaillan, par Michel Zévaco.
23. L'Épopée d'amour, par Michel Zévaco.
24. La Faute de Jeannine, par Paul Rouget.
25. Les Ouvrières de Paris, par Pierre Decourcelle.
26. Mortes et Vivantes, par Charles Mérouvel.
27. Les Mystères de Paris, par Eugène Süe.
28. Mademoiselle Cent Millions, par Michel Morphy.
29. La Porteuse de Pain, par Xavier de Montépin.
30. Le Capitan, par Michel Zévaco.
31. La Buveuse de larmes, par Pierre Decourcelle.
32. Le Louveteau, par Paul Bertnay.
33. Monsieur Lecoq, par Emile Gaboriau.
34. Sa Majesté l'Argent, par Xavier de Montépin.
35. La Fausta, par Michel Zévaco.
36. Fausta vaincue, par Michel Zévaco.
37. La Mère Coupe-Toujours, par Pierre Decourcelle.
38. La Dame aux « Ouistitis », par Georges Le Faure.
39. Fille d'Eve, par Paul Rouget.
40. Le Juif Errant, par Eugène Süe.
41. Les Deux Gosses, par Pierre Decourcelle.
42. Fanfan et Claudinet, par Pierre Decourcelle.
43. Le Caporal, par L. V. Meunier.
44. Nostradamus, par Michel Zévaco.
45. L'Espionne du Bourget, par Paul Bertnay.
46. L'Auberge de Peirebeilhe, par Jules Baujoint.

LE LIVRE POPULAIRE (Suite)

47. Les Mystères de Londres, par Paul Féval.
48. Le Pont des Soupirs, par Michel Zévaco.
49. Les Amants de Venise, par Michel Zévaco.
50. La Voleuse d'Honneur, par Pierre Decourcelle.
51. La Mie aux Baisers, par Michel Morphy.
52. L'Affaire Lerouge, par E. Gaboriau.
53. Gigolette, par Pierre Decourcelle.
54. Amour de Fille, par Pierre Decourcelle.
55. La Fée Printemps, par Jules Mary.
56. L'Héroïne, par Michel Zévaco.
57. Le Roi Mystère, par Gaston Leroux.
58. Les Habits Noirs, par Paul Féval.
59. La Femme de l'Autre, par Paul Rouget.
60. Triboulet, par Michel Zévaco.
61. La Cour des Miracles, par Michel Zévaco.
62. Le Million de la bonne, par Pierre Decourcelle.
63. Le Gosse de Paris, par Michel Morphy.
64. L'Enfant de l'Amour, par Paul Bertnay.
65. Le Masque de fer, par Ladoucette.
66. La Guerre des Camisards, par Ladoucette.
67. L'Anneau d'argent, par de Boistorêt.
68. Guet-Apens, par Jules Mary.
69. Le bon Roi Henriot, par Louis Launay.
70. Larrons d'Amour, par Paul Junka.
71. L'Hôtel Saint-Pol, par Michel Zévaco.
72. Jean Sans-Peur, par Michel Zévaco.
73. La Mendiante d'amour, par Pierre Decourcelle.
74. Un Homme dans la Nuit, par G. Leroux.
75. Fiancée Maudite, par Michel Morphy.
76. Chantereine, par de Labruyère.
77. Mam'zelle Flamberge, par Paul Féval fils.
78. La Boscotte, par Maldague.
79. Deux Innocents, par Jules Mary.
80. Orphelins d'Alsace, par Paul Bertnay.
81. Les Millions de l'Oncle Fritz, par Paul Bertnay.
82. La Marquise de Pompadour, par Michel Zévaco.
83. Le Rival du Roi, par Michel Zévaco.
84. Cadet Fripouille, par Ponson du Terrail.
85. La Fille de Mignon, par M. Morphy.
86. La Reine des Cambrioleurs, par L. Launay.
87. Mam'zelle Trottin, par Maldague.
88. Diane de Briolles, par Charles Mérouvel.
89. Mignon vengée, par Michel Morphy.
90. Le Roi des Halles, par Ladoucette.
91. La Revanche de Mazarin, par Ladoucette.
92. Le Wagon 303, par Jules Mary.
93. Le Passeur de la Moselle, par Paul Bertnay.
94. Le secret de Thérèse, par Paul Bertnay.
95. La Reine du Sabbat, par G. Leroux.
96. Belle Amie, par Paul Rouget.

LE LIVRE POPULAIRE (Suite)

97. Le Crime d'Orcival, par E. Gaboriau.
98. Les Possédées de Paris, par G. de Labruyère.
99. La Parigote, par G. Maldague.
100. Fille d'Alsace, par P. Deccurcelle.
101. Pardaillan et Fausta, par Michel Zévaco.
102. Les Amours du Chico, par Michel Zévaco.
103. Mirette, par Michel Morphy.
104. La Belle Ténébreuse, par Jules Mary.
105. La Pécheresse, par Paul Bertnay.
106. Arlette Saphir, par Paul Bertnay.
107. L'Orpheline de Bazeilles, par E. Ladoucette.
108. Le Mort qu'on tue, par Pierre Decourcelle.
109. Vengée, par H. Germain.
110. Chéri-Bibi, par G. Leroux.
111. Fille de Soldat, par Pierre Sales.
112. Les Chevauchées de Lagardère, par Paul Féval fils.
113. Cocardasse et Passepoil, par Paul Féval fils.
114. Les Deux Bâtards, par Georges Maldague.
115. Les Damnées de Paris, par Jules Mary.
116. Réveil d'Amour, par Georges Spitzmuller.
117. La Course aux Millions, par Pierre Sales.
118. La Mariquita, par Pierre Sales.
119. Le Secret de la Flamme, par Paul Bertnay.
120. L'Outragée, par Jules Mary.
121. Sous la Dague, par Gustave Gailhard.
122. Midinette et Nouvelle Riche, par Emile Richebourg.
123. La Comtesse Paule, par Marcel Allain.
124. Le Chemin des Larmes, par Emile Richebourg.
125. Vidocq, par Marc Mario et Louis Launay.
126. La Jolie Boiteuse, par Jules Mary.
127. Le Chiffonnier de Paris, par Michel Morphy et Félix Pyat.
128. La Mendigote, par Georges Spitzmuller.
129. Les Lèvres Closes, par Paul Bertnay.
130. L'Argentier de Milan, par Pierre Sales.
131. La Rançon du Bonheur, par Yves Mora.
132. La Princesse Milliard, par Pierre Deccurcelle.

www.ingramcontent.com/pod-product-compliance
Lightning Source LLC
Chambersburg PA
CBHW071255160426
43196CB00009B/1300